중심

비전과리더십

중심

지은이 | 조신영
펴낸곳 | 비전과리더십
등록번호 | 제302-1999-000032호
주소 | 140-240 서울시 용산구 서빙고길 65길 38 두란노빌딩

편집부 | 2078-3442   e-mail | vision@duranno.com
영업부 | 2078-3333
발 행 일 | 2011. 10. 20.
4쇄 발행 | 2017. 3. 18.

ISBN 978-89-90984-91-3   03320

잘못된 책은 바꾸어 드립니다.
책값은 뒤표지에 있습니다.

비전과리더십 은 두란노서원의 경제·경영 브랜드입니다.

블로그 http://blog.naver.com/v_leadership
트위터 http://twitter.com/v_leadership

영혼의 마지막 베일에 숨겨진 진실에 관하여

중심

조신영 지음

비전과리더십

추천의 글

내면을 건드리는 스토리텔러

자기 계발과 영성을 결합시킨 탁월한 책이다. 인간은 누구나 매일매일의 삶 속에서 고통을 겪는다. 고통은 우리의 육체뿐 아니라 영혼까지 찢어 놓는다. 삶의 중심으로 파고드는 이 고통을 어떻게 극복할 수 있을까? 『중심』은 영혼 깊은 곳 베일에 숨겨진 중심에서 부정적인 가치를 빼내고 사랑 같은 진정한 가치를 채울 때 비로소 고통에서 벗어나 진정한 행복을 누릴 수 있다고 말한다.

조신영 작가는 내면을 건드리는 스토리텔러다. '중심'이라는 주제를, 메이저리그 선수를 주인공으로 흥미진진하고 박진감 있게 들려준다. 투수가 던진 공이 부딪혔을 때 가장 멀리 날아가는 지점을 뜻하는 배트의 스위트 스팟 Sweet spot이나 척추 교정 등을 소재로 삼은 것도 뛰어나다.

우리 몸의 중심에 있는 척추. 몸의 형체를 유지할 뿐 아니라 그 안에 뇌로 연결되는 척수가 있어 신체의 모든 기능을 통제하고 조정한다. 인생에도 삶을 지탱하는 척추 같은 것이 있다. 척추가 휘어져 있다면 삶이 고통스럽다. 이 책은 휘어진 인생의 척추를 교정하고 중심에 인생의 소중한 가치를 채우는 방법을 알려준다. 그래서 시시때때로 엄습하는 불안을 평안으로 뒤덮게 해 준다.

이어령 초대 문화부 장관, 중앙일보 고문

온전한 사랑이 두려움을 내어 쫓나니

"요즘 바쁘시지요?" 인사말조차도 숨 가쁘다. 바쁘지 않으면 불안하다. 바빠야 정상이고 바빠야 살아있는 것이고 바빠야 중요한 사람인 것 같다. 성공한다는 것은 점점 더 바빠진다는 것과 같은 말이 되고 말았다. 그만큼 우리의 마음은 공허한데도…….

그러나 바퀴는 바삐 돌아가도 바퀴의 중심은 고요하다. 지구는 굉음을 내며 자전하고 있지만 그것 때문에 어지럼증을 느끼는 사람은 아무도 없다. 백조의 다리는 물속에서 쉴 새 없이 움직여도 물 위의 자태는 한가롭기만 하다. 대체 생명의 '중심'은 무엇일까?

『중심』은 인간 내면에 존재하는 빈 공간을 무엇으로 채우고 있는지에 대해 질문을 던진다. 중심이 무엇을 잃었기에 두려움으로부터 자유롭지 못한가? 중심에 무엇이 가득하기에 가져도 목마르고 가질수록 오히려 허기지는가?

"사랑 안에 두려움이 없고 온전한 사랑이 두려움을 내어 쫓나니"(요한일서 4:18) 중심을 온전한 사랑으로 채울 때 우리는 영적인 갈증에서 벗어나 진정한 풍요로움을 맛볼 수 있다. 이 책은 실수가 전공이고 부족이 특징인 우리 인간에게 근원적인 질문에 대한 해답을 제시해 주고 있다.

조정민 CGN TV 대표, 온누리교회 목사, 『사람이 선물이다』 저자 힘들거나 외로울 때, 운동을 포기하고 싶을 때 나는 책을 통해 새 힘을 얻곤 한다. 조신영 작가의 전작 『경청』과 『쿠션』은 나를 일으켜 세운 책들이다. 나는 조 작가의 열혈한 팬이 되었다. 이 책 『중심』은 야구 이야기라서 더욱 몰입하며 단숨에 읽을 수 있었다.

　　책 속의 주인공 구강타가 현재 클리블랜드 인디언스에서 활약하고 있는 추신수 선수를 모델로 만들어진 인물이라고 알고 있다. 내가 선수생활 은퇴 뒤 미국으로 건너가 코치 연수를 받고 풀타임 코치로 일했던 곳이 바로 클리블랜드 인디언스다. 그래서 더더욱 인연이 깊게 느껴진다.

　　강타의 메이저리그 경기 장면과 아들을 둘러싼 가족 이야기가 교차하면서 들려주는 이야기는 한 편의 영화를 보는 것처럼 생생하다. 그러면서도 내면의 중심이라는 심오한 주제를 담고 있다.

　　인생이 배트라면 배트의 중심에 공이 제대로 맞아 홈런을 날리는 상상을 누구나 할 것이다. 매일 내게 날아오는 기회라는 공을 제대로 맞추면 홈런이지만 대부분은 파울로 끝난다.

　　이 책은 파울볼 인생을 홈런 인생으로 바꾸는 방법을 알려 준다. 공을 배트의 중심에 제대로 맞추기까지 숱한 장애가 있겠지만 성실하게 돌파한다면 진정한 소망을 이룰 수 있을 것이다.

이만수 SK 와이번스 감독대행

쳇바퀴 돌 듯 반복적인 일상에 갑갑함을 느끼고 지친 사람들이 내면의 공허함을 달래기 위해 스타에 열광하거나 술과 도박에 빠져든다. 하지만 그것들은 갈증을 일시적으로 해소해 주는 청량음료와 같다. 내면의 중심을 시원하게 적셔 줄 생수를 마셔야 근본 문제를 해결할 수 있다. 이 책은 영원히 목마르지 않는 생수가 무엇인지 알려 주며 그 생수로 인해 진정한 풍요로움을 맛보게 해 준다.

이홍렬 방송인

　　팔꿈치 수술 뒤 재활 훈련을 하고 있다. 1년간의 재활 훈련도 만만하지 않지만 훈련 뒤 예전 구위를 찾을 수 있을지 불안하기도 하다. 『중심』을 통해 나도 모르게 블랙홀처럼 빨아들이던 부정적 에너지를 차단하고, 내면의 중심에 긍정과 희망의 에너지를 채우는 법을 배웠다. 마음속 깊이 묻혀 있던 간절한 소망을 일깨워 주고 그것이 반드시 이루어진다는 확신까지 들게 해 주는 보석 같은 책이다.

봉중근 LG 트윈스 투수

『중심』을 펴자마자 "이거, 이거, 내 얘기잖아!"라고 외쳤다. 그리고 이 책을 많은 분들이 함께 읽었으면 좋겠다고 생각했다. 본문 중에 나오는 "생각하는 대로 살지 않으면 사는 대로 생각하게 될 것이다."라는 구절도 깊이 와 닿았다. 내가 꿈을 발견하면서부터 또 그 꿈을 향해 도전하면서부터 늘 되뇌었던 말과 일치하기 때문이다.

어떤 이는 '현재'의 삶에 만족하며 살아갈 수 있다고 말한다. 하지만 나는 꿈과 도전 없이는 더 큰 성공을 거둘 수 없다고 생각한다. 이 책은 꿈, 도전, 성공 이야기를 재미있는 야구 이야기와 함께 흥미진진하게 들려주고 있다. 또한 누구나 내면에 품고 있는 두려움과 망설임을 이겨 내는 방법도 알려 준다.

나도 이야기의 주인공이 되어 외쳐 본다.

멘탈 비거러스!

김창렬 가수, 사회인 야구선수

밑줄 칠 문장이 많은 책을 읽는 건 행복한 일이다. 수많은 밑줄 중 특히 "지금 내 현실은 중심의 상태를 정확하게 반영한다."라는 문장이 깊이 와 닿았다. 단숨에 읽을 수 있으면서도 흡입력이 있는 책, 『중심』. 인생의 중심을 찾기 위해 나 자신을 들여다보는 계기가 되었다.

이창희 KBS 방송작가

차례

추천의 글 4
The Pregame Show 반짝이는 눈빛 14

Game #1
꿈의 무대

6년 4개월만의 콜업 23
한여름 밤의 꿈같은 무대 32
엘살바도르 홍과의 통화 44

Game #2
진정한 소망

의심스러운 멘탈 콘퍼런스 55
강렬한 점화 62
중심을 건드리는 순간 68
드림 센텐스 78

Game #3

소중한 약속

필승이의 오른쪽 눈 93
마이클 조셉이 떠나요 아빠도 떠나요 103
버림받은 비둘기 검객 117
필승이와 아빠의 약속 125

Game #4

근본적인 이해

분명한 소망이 있는 인간의 의지 137
근본적인 이해에 도달하려면 144
인간은 무엇에 충성하는가? 163

Game #5

사랑의 돌

스스로 사랑의 돌이 되어 179
현재의 삶은 중심이 원한 것들 186
지금 할 수 있는 유일한 일 203

Game #6

완벽한 것이 임할 때

두려움이 마음을 할퀼 때마다 219
예언을 그치게 하는 완벽한 것 227
겁에 질린 눈망울 236
동사이지만 늘 명사로 생각하는 것 243

Game #7

홈 플레이트의 기적

중심이 채워지지 않는 허전함 261
피에 젖은 홈 플레이트 270
가장 위대하고 완벽한 것 281
오늘 단 한 번만 287

The Postgame Show 사랑의 지배를 받는 삶 308
저자 후기 316

─ The Pregame Show ─

반짝이는
눈빛

띵동.

안전벨트 착용지시등이 꺼지자 승무원들이 일제히 일어나 바삐 움직인다.

"신사숙녀 여러분, 좋은 아침입니다. 오늘도 유나이티드항공을 이용해 주셔서 감사합니다. 저는 기장 조지 엘리엇입니다. 저희는 방금 LA 국제공항을 이륙해 목적지인 인천으로 향하고 있으며 비행시간은 약 10시간 50분으로 예상하고 있습니다."

기창(機窓) 밖으로 짙은 코발트색 하늘이 펼쳐진다. 까마득한 저 아래 깃털같이 부드러운 구름 몇 점이 빛 조각으로 눈부신 바다 위를 둥둥 떠다니고 있다.

강타는 안전벨트를 풀고 기지개를 켠다. 흰색 터틀넥 셔츠에 청회색의 트위드 재킷, 구릿빛 벨트가 잘 어울리는 밝은 색 면바지 차림이다. 키가 크다고 할 수 없지만 한눈에 봐도 운동으로 다져진 다부진 몸매임을 알 수 있다. 짙은 선글라스를 끼고 있어 좀처럼 눈빛을 확인할 수가 없다.

강타가 일어나 재킷을 벗다가 옆 승객의 어깨를 살짝 건드린다. 미안하다는 몸짓을 하자 짧은 금발의 백인 청년이 문제 될 게 없다는 듯 미소 짓는다. 대학생쯤 돼 보이는, 호리호리한 키에 표정이 밝은 사람이다. 청년이 좌석 옆의 버튼을 눌러 다리받침대와 등받이를 올렸다 내렸다 하면서 즐거워한다. 어린아이같이 천진한 모습에 자기도 모르게 웃음이 터진 강타가 청년에게 손을 내밀며 악수를 청한다.

"반가워요. 저는 구라고 합니다."

"아, 네. 반갑습니다. 전 크리스예요. 비즈니스 클래스는 처음이라……. 신기한 게 많네요, 하하하!"

크리스가 하얀 치아를 드러내며 환하게 웃더니 강타의 굵은 테 선글라스를 힐끔힐끔 살핀다. 강타가 한국에는 무슨 일로 가느냐고 묻자 기다렸다는 듯 목소리를 높여 말하기 시작한다.

"이 모든 게 한 권의 책으로부터 시작됐어요. 한 문장이 계속 머릿속에 맴돌더군요."

"어떤 내용이었는데요?"

"생각하는 대로 살지 않으면 사는 대로 생각하게 될 것이다."

강타가 공감한다는 듯 고개를 끄덕인다.

"곰곰이 생각해 보니 정말 그렇겠더라고요. 인생에 대해 미리 생각을 정리해 두지 않으면 일상의 파도에 이리저리 떠밀려서 결국 걱정거리만 잔뜩 끌어안고 살 수도 있겠다는 생각이 들었어요. 내 삶에 정말 중요한 것이 무엇인지 생각하기 시작했죠. 그렇지 않으면 급한 일에 치여 허덕거리며 살게 될 것, 아니 살아 버릴 것 같았거든요."

그래서 크리스는 삶의 목적을 스스로 정리하고 인생 목표를 세웠다고 한다. 꽤 구체적이었다. 20대에는 세계 30개 주요 국가를 여행하면서 세상을 공부하고 싶다고 했다.

"인생에 대해서 진지하게 생각하고 구체적으로 계획을 세워 나가기 시작하니까 마치 기다렸다는 듯이 신 나는 일들이 연달아 터지던데요!"

"예를 들면요?"

"이번 여행만 해도 그래요. 얼마 전에 MLB(메이저리그) 올스타 투표에 참여했는데 생각지도 않은 이벤트에 당첨이 된 거예요. 한국과 일본의 프로야구 경기를 한 게임씩 관람할 수 있는 여행 이벤트였어요. 물론 모든 비용은 MLB에서 제공하고요."

"야구 마니아군요. 혼자 당첨됐나 봐요."

"아니에요. 저쪽 이코노미 클래스에 일행이 있어요. 저와 행운을 나눈 사람들이죠."

"일행과 떨어져 있는 걸 보니 크리스가 일등이었나 보군요."

"노, 이건 또 다른 행운이었어요. 탑승하려고 줄 서서 기다리고 있는데 갑자기 카운터에서 내 이름을 부르는 거예요. 여권과 티켓을 보여 주니까 느닷없이 축하한다고 하더라고요. 이코노미 클래스가 만석이라 추첨으로 두 명을 비즈니스 클래스로 승급시켜 주기로 했다는 거예요. 그 행운의 주인공이 바로 저였죠!"

흰색 유니폼을 입은 덩치 큰 남자 승무원이 트레이에 새하얀 식탁보를 깔아 주고 간다. 손등에 유난히 털이 많다. 크리스털 유리잔에 얼음을 동동 띄운 생수를 받아 든 크리스가 가슴에 손을 얹고 말을 이었다.

"신기하게도 좋은 일들이 계속 이어져요. 내 삶의 목적을 구체적으로 생각하기 시작한 때부터 마치 누군가가 '크리스, 잘했어!'라고 응원해 주는 것처럼 말이죠. 헛스윙만 남발하다가 공을 제대로 때린 느낌이랄까요?"

"알아요. 배트의 중심에 제대로 딱 맞는 그 느낌."

비행기가 출렁거린다. 기류가 불안정한 층을 지나고 있는 모양이다.

크리스가 강타를 빤히 쳐다보며 묻는다.

"낯이 꽤 익어요. 실례지만 어떤 일을 하세요? 미스터 쿠."

강타가 선글라스를 고쳐 쓰면서 의자 깊숙이 몸을 파묻는다. 크게 숨을 몰아쉬더니 크리스 쪽으로 고개를 돌려 혼잣말을 하듯 대답한다.

"얘기가 좀 길어요. 배트의 중심에 공이 제대로 맞는 느낌, 그런 것에 대해서 할 얘기가 무척 많은 사람이죠."

객실 승무원들이 코스별로 음식을 나르기 시작한다. 메뉴판과 음식을 번갈아 보는 크리스의 눈이 반짝반짝 빛난다. 비즈니스 클래스의 식사는 이코노미 클래스의 그것과는 완전 딴판이다. 특급 호텔 셰프가 만들어 주는 코스 요리를 그대로 옮겨 놓은 듯하다. 강타가 샐러드의 아삭한 질감과 함께 혀를 타고 전해지는 드레싱의 신선한 맛을 느끼며 흐뭇해한다.

크리스가 콧노래를 흥얼거리며 양상추를 입에 넣다가 강타와 눈이 마주치자 갑자기 눈이 휘둥그레 커진다. 강타가 씨익 웃으며 말한다.

"야구 마니아라서 그런지 역시 눈썰미가 있군요. 변장을 한다고 한 건데 눈치챘나요?"

크리스가 포크를 손에 쥔 채 발갛게 달아오른 얼굴로 흥분한 듯 목소리를 높인다.

"그럼, 당신이 바로 그 비둘기 검객? 타석에 들어설 때마다 관중들이 '쿠~ 쿠~' 하면서 환호하는 강타 쿠! 와, 이런 일이! 우하하하!"

강타가 목소리를 낮추라고 손가락을 입술에 갖다 대고는 미소를 띤 채 어깨를 으쓱해 보인다.

"정체가 탄로 났으니 이제 별 수 없군요. 이왕 이렇게 된 거 '배트의 중심에 공이 제대로 맞는' 것에 대한 이야기를 들려줄까요? 중심에 대해 할 얘기가 많은 사람이거든요."

요리 향이 기내에 은은히 퍼지고 있다. 여기저기서 기내식을 즐기는 소리가 들려온다. 나이프가 접시에 닿는 딸그락 소리, 음식 씹는 소리, 맥주 캔을 따는 소리, 승무원이 음료를 서빙하는 나지막한 목소리가 들린다.

강타는 마음속에 품고 있던 자신의 이야기를 꺼내기 시작한다. 선글라스에 감추어진 그의 눈이 보석처럼 반짝인다.

Game #1
꿈의 무대

이 순간을 잊지 않으리라.
4만 5,000석을 가득 메운 관중이
한 목소리로 무-우- 나를 응원하고 있다
이 열기, 이 기회를 놓치지 않으리라

야구는 살기등등한 스포츠다.
투수와 타자는 수많은 관중 앞에서
승자와 패자를 반드시 가려야 한다.
사람들이 야구에 열광하는 이유는
이런 정면 승부의 순간들이 있기 때문이다.

Game #1

6년 4개월 만의
콜업

"따르릉, 따르르릉~"

전화벨이 울린다.

한 번, 두 번, 세 번 울려도 받지 않는다. 둘째 연승이가 빽빽 우는 소리가 들린다. 아무래도 아내는 기저귀를 갈아 주느라 전화 받을 틈이 없는 모양이다.

저녁 바람이 선선한 마당에서 스윙 연습을 하던 강타가 배트를 던지듯 내려놓고 급히 현관문을 열고 뛰어 들어간다. 목덜미에 솟은 땀방울이 등줄기를 타고 흐른다.

집 안으로 들어서자 아기 똥냄새가 코를 찌른다. 순간 이맛살이 찌푸려진다. 벨이 벌써 아홉 번이나 울렸다. 강타가 수화기를 겨우 낚아챈다. 베이지색 벽걸이 전화기는 흠집투성이인데다가 손때에 찌들어 있다. 분명 20년이 넘도록 그 벽에 달려 있었을 것이다. 기저귀를 다 갈았는지 아기 울음소리가 잦아든다.

"여보세요?"

전화선을 타고 들려오는 낮은 목소리. 가슴이 철렁한다. 팀 매니저다. 이 시간에 웬일일까? 이런저런 추측이 한꺼번에 떠오른다.

"이봐, 미스터 쿠. 콜업이야. 내일 아침 바로 이동할 수 있겠어?"

강타는 자기 귀를 의심한다. 얼마나 듣고 싶었던 말인가. 콜업이라니. 갑자기 머릿속이 텅 비어 버리는 느낌이다. 얼떨떨한 표정으로 수화기를 든 채 그대로 얼어붙는다. 정신없이 뭐라고 한두 마디 대답을 하고는 통화가 간단히 끝나 버린다.

"뚜, 뚜, 뚜~"

전화의 기계음이 메아리처럼 울린다.

"여보, 무슨 일이에요?"

아내 미혜가 똥기저귀를 삼각으로 만들어 밀봉하면서 묻는다. 강타가 돌아보며 어색한 미소를 짓는다.

"콜업이래. 내일 아침 바로 LA로 와 달라는데?"

"어머, 정말이에요?"

기저귀가 미혜의 손에서 미끄러져 바닥으로 툭 떨어진다. 미혜는 아랑곳하지 않고 그대로 뛰어가 강타의 품에 안긴다. 거실에서

자석 놀이를 하던 첫째 필승이가 무슨 일인가 싶어 덩달아 아빠에게 달려든다. 눈이 유난히 크고 얼굴빛이 복숭아같이 뽀얀 일곱 살배기 아들이다. 필승이가 작지만 야무진 입술로 또박또박 묻는다.

"아빠, 콜업이 뭐예요? 누가 불렀어요? LA엔 왜 가는데요?"

강타가 아내와의 포옹을 풀고 무릎을 굽혀 아들과 이마를 맞댄다.

"콜업은 마이너리그 선수를 메이저리그로 불러올리는 걸 말해. 누가 불렀느냐고? LA 에인절스 팀에서 아빠를 오라고 하는구나. 그러니까 가야겠지?"

"그럼, 아빠가 이제 진짜 빅리거가 되는 거예요? 정말? 정말?"

필승이가 들떠서 깡충깡충 뛴다.

"아직…… 그건 아니고. 이번에 15일 정도 뛸 기회를 준대. 메이저에 남게 될지 다시 마이너로 돌아오게 될지, 그건 모를 일이야. 그래도 필승이는 아빠 응원해 줄 거지?"

"당연하죠, 아빠! 그런데 아빠는 몇 번째 타자로 나가요? 아빠는 우익수인데……, 그럼 로치이 선수는 어떻게 되는 거예요? 아빠가 우익수 자리에 설 수 있는 거예요?"

필승이가 질문을 한꺼번에 쏟아 놓는다. 일곱 살밖에 안 됐지만 웬만한 야구 관련 정보는 다 꿰고 있는 아이다.

미혜가 손가락을 꼽으며 말한다.

"여보, 딱 6년 4개월 만이네요. 오래 기다려서 얻은 기회인 만큼 당신은 멋지게 해낼 수 있을 거예요."

"내일 새벽 일찍 출발해야 하니 윤 박사님한테 함께 가 달라고 졸라 봐야겠어."

강타의 집이 있는 피닉스에서 LA까지는 380마일이다. 쉬지 않고 운전하면 7시간 정도 걸리는 거리다. 새벽 4시에 출발해야 겨우 시간을 맞출 수 있을 것이다.

"어지간하면 아침 첫 비행기로 이동하지, 왜 이 먼 거리를 운전해서 가겠다고 그래."

윤 박사가 조수석에 앉으며 투덜거린다. 호리호리한 몸매에 세련된 골프웨어를 입은 모습이 멋을 낸 티가 난다. 아직 잠이 덜 깼는지 자꾸 눈을 비빈다. 투덜거리면서도 영 싫지는 않은 기색이다.

사실 윤 박사는 잘 알고 있다. 지금 강타에게 비행기 티켓을 살 여유 같은 건 없다는 것을. 월급이 1,500달러도 채 안 되는 트리플A의 만년 마이너리거가 아니던가. 그런 그에게 뜯어 먹을 에이전트 수수료가 얼마나 되겠는가. 끈끈한 정, 그것 때문에 에이전트로 5년을 함께했다.

경영학을 전공한 윤 박사는 한국과 미국의 48개 대학 연구소에 이력서를 냈지만 모조리 거절 당하는 바람에 결국 이곳 애리조나 피닉스에서 세탁소 주인장이 될 수밖에 없었다. 그나마 야구가 그에게 큰 위안을 주었다. MLB 마니아인 윤 박사는 강타를 만나자 통역 도우미를 자처했다. 취미 삼아 시작했는데 나중에는 에이전트 역할까지 발 벗고 나서서 하게 된 것이다.

"드디어 우리 강타가 빅리거가 되는 건가? 첫 관문이 열리는 게로군!"

"이제야 윤 박사님의 수고에 조금이나마 보답할 길이 보이는 것 같네요."

"내년 시즌, 빅리거 계약이 성사되거든 그동안 무료봉사 한 것에 이자까지 쳐서 다 갚으라고! 하하하."

윤 박사가 호쾌하게 웃더니 휘파람을 불기 시작한다. LA로 달려가는 길 위로 그동안에 있었던 잊지 못할 순간들이 주마등처럼 스쳐 지나간다.

메이저리그에는 30개의 팀이 있다. 팜시스템이라 불리는 야구 인재양성 코스가 있는데 이것이 마이너리그다. 수준에 따라 넷으로 나누는데 루키 리그, 싱글 A, 더블 A, 트리플 A의 순서로 단계를 올라가며 시즌 내내 경기를 치른다.

"처음 루키 리그에서 싱글 A로 올라갔을 때 이제야 식사 제공을 받는구나 하고 좋아했는데, 점심이라고 나온 게 어땠는지 아시죠? 앞으로도 잊지 못할 거예요."

"식빵과 땅콩버터?"

윤 박사가 일부러 몸을 부르르 떨면서 맞장구를 친다.

"시즌 내내 장거리 투어를 하면서도 가진 게 몸뚱이뿐이라 오로지 체력으로 버텨야 하는데 먹는 게 부실해서 진짜 힘들었어요. 마음껏 사 먹을 돈도 없고……. 서러웠죠."

강타의 말에 윤 박사가 고개를 끄덕인다.

"더블 A에 올라가서도 별반 달라진 게 없었다며."

"반찬이 하나 추가되더라고요. 딸기잼! 그래서 속으로 생각했죠. 아, 반찬 가짓수로 A가 하나씩 더 붙는 건가? 그럼, 트리플 A에 올라가면 반찬이 하나 더 나오겠구나. 그랬죠."

"트리플 A에선 드디어 고기반찬이 나왔고?"

"정확히 말하자면 소시지였지요. 하하하."

"먹는 것만 서러운 게 아니었어요. 에어컨 바람도 잘 안 나오는 고물 버스를 타고 다니자니 정말 못 견디겠더라고요. 그런 고물 차를 왜 안 버리는지 몰라."

"그게 이 사람들 시스템이야. 피라미드 꼭대기에 있는 빅리거들에게 모든 걸 쏟아붓고 중하부에 있는 나머지 마이너리거들에게는 지독할 정도로 인색하게 굴지. 약한 녀석들은 다 떨어져 나가라는 거야. 냉혹한 정글의 법칙이지. 하지만 메이저리그에 들어가면 모든 게 달라져."

"그럼, 이제부터는 좀 푸짐하게 먹을 수 있는 건가요?"

강타가 눈을 동그랗게 뜨고 입맛을 다시자 윤 박사가 껄껄 웃으면서 고개를 끄덕인다.

"눈이 핑핑 돌 정도로 화려한 식탁을 보게 될 걸세. 끝도 안 보이는 T자형 테이블에 일류 셰프들을 총동원해서 만든 최고급 요리들이 쫙 차려지지. 그들은 하루 세 끼를 다 그렇게 먹는다는구먼. 보름 동안 영양 보충이나 실컷 하고 오라고!"

"설마 고물 버스로 이동하라고 하지는 않겠죠?"

"LA 에인절스 전용기를 타게 될 걸. 화려하기로 유명하잖아."

"전세기도 아니고 전용기를요?"

"그렇다니까. 보잉 717-200 HGW 시리즈를 개조한 특별 전용기야. 다닥다닥 붙은 좌석들을 모조리 뜯어내고 비즈니스 클래스 수준으로 다시 꾸몄다지. 방송 기자들과 구단 스태프들을 위한 일반석이 따로 있고 말일세."

강타가 입을 크게 벌려 숨을 깊이 들이쉬고 내쉰다. 기대감으로 가슴이 점점 부풀어 오른다.

휴게소에서 강타와 교대해 운전석에 앉은 윤 박사가 한참을 묵묵히 있다가 문득 생각난 듯 말한다.

"로치이 선수와 자네, 서로 포지션이 겹치잖아. 타협은 잘 된 건가?"

"제 생각엔 아니에요. 주전 외야수가 훈련 중에 허리를 삐끗해서 15일 부상자 명단에 오른 모양이에요. 그 자리를 메우라고 콜업한 거죠. 로치이가 부상 당한 게 아니더라고요. 그러니 포지션이 겹치지만 어쩌겠어요?"

"이번에 확실하게 눈도장을 찍어야 해. 마이너리그 통산 타율 0.322. 시즌마다 홈런 20개 이상, 4년 연속으로 100타점을 올린 구강타의 솜씨를 제대로 보여 주란 말이야!"

강타의 얼굴에 씁쓸함이 스치고 지나간다. 마이너리그쯤이야 3년이면 충분히 끝낼 거라고 생각하고 무작정 미국행에 올랐다. 그런데 벌써 6년을 넘기고 말았다.

멀리 LA 다운타운의 마천루가 눈에 들어오기 시작한다. 몸은 피곤한데 정신은 더 또렷해진다.

'평소에 연습한 대로만! 내 모습을 있는 그대로 보여 주자.'

드디어 오른쪽으로 에인절스타디움의 웅장한 모습이 보이기 시작한다. 4만 5,000명을 수용할 수 있는 큰 규모에 쾌적하기 이를 데 없는 경기장이다. 구단의 상징인 랠리 멍키가 그려진 벽을 지나고 있다.

꿈의 무대가 드디어 눈앞에 현실로 다가와 있는 것이다.

Game #1

한여름 밤의 꿈같은 무대

한 시간만 신경 쓰지 않아도 집 안은 폭격을 맞은 것처럼 난장판이 되고 만다.

"우우웅~ 부아아앙~"

필승이가 두 팔을 활짝 벌려 날아오르는 시늉을 하며 집 안을 휘젓고 다닌다. 두툼한 안경을 끼고 있어서 마치 고글을 착용한 비행사처럼 보인다. 필승이는 선천적으로 시력이 약하다. 그래서 리틀 야구팀에서는 별로 환영을 받지 못하고 있다. 야구 이론에 해박한 마니아임에도 불구하고……

"부우웅~ 붕붕~"

필승이가 바닥에 놓인 컵을 건드리는 바람에 주스가 카펫에 쏟아진다. 개수대에서 젖병을 솔로 빡빡 씻고 있던 미혜가 달려와 휴지로 카펫의 얼룩을 훔친다. 이마에 땀방울이 송골송골 맺힌다.

갑자기 연승이가 "으앙~" 하고 울음을 터뜨린다. 필승이가 폭격기가 되어 공중 사격을 한 모양이다. "피융, 피융." 입으로 총을 쏘다가 이제 갓 돌이 지난 아기의 눈에 침이 튄 것이다.

미혜는 카펫의 얼룩을 다 닦지도 못한 채 바로 일어나 연승이에게 달려간다. 번쩍 들어 품에 안고 달래 보지만 아이는 울음을 그칠 생각을 하지 않는다. 오히려 빽빽 더 크게 울어 댄다. 연승이를 품에 안은 채 푹신한 소파에 몸을 기댄다. 빨려들어 가는 기분이다. 아이가 새근새근 잠들자 미혜도 잠깐 숨을 돌리기로 한다.

"따르릉, 따르르릉~"

깜빡 잠이 들었다. 전화벨 소리에 놀라 눈을 뜬다. 몇 분이나 지났을까? 남편일까? 벌떡 일어나 전화기가 붙어 있는 벽으로 가는데 갑자기 명치 아래쪽이 아파 온다. 극심한 고통에 숨을 제대로 쉴 수가 없다. 그대로 바닥에 주저앉는다. 세포 하나하나가 느껴질 만큼 예민한 아픔이 온몸을 훑고 있다. 꼼짝도 할 수가 없다.

전화벨이 계속 울리자 겨우 잠들었던 연승이가 깨어 다시 빽빽 울기 시작한다. 필승이는 아직도 두 팔을 벌리고 "위이잉, 휘이이잉, 투투투투투~" 하면서 집 안을 뛰어다니고 있다.

전화는 열두 번을 울리고 나서야 조용해진다. 벨 소리가 멎자마자 신기하게도 미혜의 통증도 멎는다. 허겁지겁 일어나 연승이를 품에 안고 등을 토닥여 준다. "컥컥." 아이가 미혜의 어깨에 먹은 것을 토해 낸다.

"엄마. 고글은 언제 맞춰 줄 거예요?"

어느새 옆에 다가온 필승이가 묻는다. 미혜는 물수건으로 어깨를 닦으며 생각한다. 고글. 리틀 야구단 코치가 두꺼운 안경 대신에 고글을 쓰면 훨씬 편안하게 운동할 수 있을 거라고 조언해 준 적이 있다. 그걸 잊지 않고 있었구나. 고글을 쓰면 영락없이 꼬마 펭귄 뽀로로가 될 텐데……. 상상만 해도 웃음이 난다.

"그래, 필승아. 조금만 기다려. 아빠가 LA에서 오시면 그때 맞춰 줄게. 응?"

"네. 알겠어요."

필승이가 다시 두 팔을 벌리고 거실을 뛰어다닌다.

홈경기가 열리고 있는 에인절스타디움. 강타가 소속된 LA 에인절스와 샌프란시스코 자이언츠가 인터리그 경기를 벌이고 있다. 지구 선두 경쟁의 열기가 후끈 달아오른 덕에 지난 며칠간 4만 5,000좌석이 연일 매진이었다. 개막 후 지금까지 이미 80여 게임을 치른 상황이다. 날씨는 점점 더워지고 선수들은 지쳐 간다. 경쟁이 치열한 가운데 부상자가 속출하고 있다.

LA 에인절스의 마이크 무시아 감독이 윗입술을 깨문 채 한참을 잘근잘근 씹다가 "후~" 하고 한숨을 내뱉는다. 경기가 뜻대로 풀리지 않으면 나오는 버릇이다. 그런데 오늘은 이 모습이 자주 보인다.

 에인절스는 상대 투수 배리 지토의 호투에 기가 완전히 눌려 2안타 빈공에 허덕이고 있다. 반면에 자이언츠는 초반에 흐트러진 모습을 보였던 에인절스 투수에게서 먼저 투런 홈런을 뽑아낸 상태다. 그러나 양 팀 모두 맥 빠지게 스윙만 계속 날리는 바람에 경기가 빨리 진행되고 있다. 벌써 7회로 들어선다.

 더그아웃에서 강타가 바라본 에인절스타디움은 마치 한여름 밤의 꿈을 꾸듯 아름답다. 멀리 외야 펜스를 바라본다. 짙은 초록색의 쿠션이 가득 담긴 펜스, 선수가 달려가 부딪쳐도 폭 감싸 안을 듯이 푸근해 보인다. 강타는 펜스를 한 손으로 짚고 뛰어올라 공이 홈런 경계선인 옐로 라인을 막 넘어가려는 찰나에 극적으로 잡아내는 자신의 모습을 상상해 본다. 생각하는 것만으로도 마음이 달달해진다. 4만여 관중이 환호하겠지. 기립 박수를 쳐 줄 거야. 틀림없어. 얼굴의 근육이 풀어지면서 입꼬리가 살짝 올라간다.

 7회 초가 끝나자 음악이 흘러나오고 관중들이 모두 일어나 몸을 푸는 스트레칭 타임이 주어진다. 음악이 끝나 갈 무렵 무시아 감독이 강타를 빠른 손짓으로 부른다. 강타가 한걸음에 달려가자 감독이 그의 어깨에 손을 얹고 묻는다.

 "자네 타격감이 좋다고 들었네만?"

강타는 어금니를 굳게 깨물고 잠깐 심호흡을 한 다음 자신 있는 목소리로 대답한다.

"기회를 주시면 언제든지 솜씨를 보여 드리지요."

만족스럽다는 듯 무시아 감독의 얼굴에 미소가 번진다. 잘 하면 오늘 드디어 타석에 나갈 수도 있겠다. 한 번? 아니면 두 번? 가슴에서 쿵쿵쿵 소리가 나기 시작한다.

미혜는 밤 9시 50분이 넘어서야 겨우 컴퓨터를 켠다. 저녁 시간 내내 울어 대는 연승이를 업어서 달래느라 몸이 물에 젖은 솜방망이처럼 무겁기만 하다. 원래는 MLB 닷컴으로 생중계되는 경기를 보려고 했는데 뜻대로 되지 않았다. 일곱 살배기 큰아들 녀석이 갓 돌이 지난 동생을 질투하느라 칭얼대는 통에 연승이를 등에 업은 채 필승이에게 동화책을 읽어 줘야 했다. 아이들은 두 시간 만에 겨우 잠들었다.

LA 시간으로 저녁 7시 5분에 시작되는 경기다. 이미 1시간 50분 가까이 흘렀으니 아마 6회나 7회쯤 접어들었을 것이다.

중계 캐스터의 목소리가 크게 울리기 시작한다. 7회 초 경기를 마무리하는 순간이다. 상대의 공격을 잘 막아 낸 에인절스의 선발 투수가 기립 박수를 받으며 더그아웃으로 천천히 걸어 들어가는 모습을 ENG 카메라가 바짝 다가가 생생하게 보여 준다. 화면에 현재 스코어가 자막으로 떠오른다. 0 대 2.

'어머나, 지고 있잖아. 이를 어째?'

7회 말, 에인절스의 공격이다. 아직 기회는 충분해. 역전할 수 있어. 미혜가 주먹을 불끈 쥔다. 등에 업힌 연승이가 자다가 짜증을 내며 몸을 뒤틀자 의자에서 일어나 아이의 엉덩이를 토닥토닥 두드리며 달랜다.

카메라가 움직이며 경기장의 곳곳을 비춘다. 외야 한가운데에 거대한 바위산 같은 형태의 정원이 보인다. 물이 졸졸 흘러내리고 있다. 바위산 왼쪽으로 세 개의 거대한 깃발이 바람에 휘날리고 있다. 삼각 깃발 같은데 화면에 워낙 작게 보여서 구분이 잘 되질 않는다. 바람에 날리는 모습이 시원하다. 언젠가는 저곳에 가서 두 아들과 함께 아빠를 응원할 날이 올 것이다. 하루 종일 아이들과 씨름하느라 파김치가 됐지만 화면으로나마 남편의 미래의 무대를 보자 갑자기 힘이 솟는 것만 같다.

경기는 8회 말로 접어든다. 남편에게는 기회가 주어지지 않을 모양이다. 카메라가 더그아웃을 비출 때마다 미혜는 거북이처럼 고개를 쑥 빼 들고 남편의 모습을 찾으려 애쓴다. 두어 번 찾아낸 것 같다. 클로즈업은 아니지만 분명 남편이었다.

8회 말, 에인절스의 공격. 아직도 0 대 2로 끌려가고 있는 상황.

원 아웃에서 7번 타자 트럼보가 볼넷을 골라 1루에 진출한다. 이제 큰 것 한 방만 터지면 동점이야! 미혜의 얼굴이 화끈 달아오른다.

상대 투수 배리 지토에게 꼼짝없이 막혀서 침통하던 더그아웃의 분위기가 살아나기 시작하는 게 보인다. 에인절스의 팬들이 일제히 일어나 이 답답한 상황에 서서 숨통을 틔워 주길 기대하며 환호성을 질러 대고 있다. 마크 무시아 감독의 눈이 날카롭게 빛난다.

8번 타자 보호스가 타석에 들어선다. 허리를 다친 주전 중견수 대신 투입된 백업 외야수다. 강타는 지금이 바로 자기가 투입될 시점이라고 생각하고 헬멧을 쓴 채 배트를 쥐고 감독을 쳐다보고 있었다. 무언의 메시지를 보낸 것이다.

'지금이 바로 제 솜씨를 보여 드릴 기회라고요.'

그러나 무시아 감독은 보호스를 선택했다. 강타가 어금니를 꾹 깨물며 고개를 숙인다.

보호스는 풀카운트까지 끈질기게 물고 늘어진다. 세 번 연속 파울볼을 걷어 내며 삼진을 피하고 있다. 순식간에 지토의 투구 수를 103개까지 끌어올린다. 지토가 더블플레이를 노리며 낮게 떨어지는 변화구를 던진다.

미혜가 주먹을 불끈 쥔다.

"딱!" 지토가 던진 낮게 떨어지는 공을 보호스가 어퍼 스윙으로 때렸다. 결국 우익수 옆으로 뚝 떨어지는 안타를 뽑아내고야 만다. 그새 1루에 나가 있던 트럼보가 재빨리 뛰어 3루까지 진출한다. 경기장이 환호성으로 떠나갈 듯하다.

1사에 주자 3루와 1루다. 더블플레이를 당하지 않도록 작전을 짜야 한다. 무시아 감독이 잠시 고개를 숙이고 생각에 잠기더니 승부수를 띄운다. 9번 타자 포수 매티스의 타석에 강타를 대타로 내보내기로 한 것이다.

"따르릉, 따르르릉~"

결정적인 순간에 전화벨이 울린다. 하지만 미혜는 노트북이 놓여 있는 주방의 식탁에서 한 발짝도 움직일 수가 없다. 중계 캐스터가 믿기지 않는 이야기를 쏟아 내고 있기 때문이다.

"아……. 말씀드리는 순간, 마이크 무시아 감독이 대타를 내보내는군요. 누구일까요? 아, 네. 트리플 A에서 콜업 된 강타 쿠 선수가 타석으로 나오고 있습니다."

"따르릉, 따르르릉~"

전화벨이 날카롭게 울려 댄다. 지금 저 전화를 받으면 이 중요한 순간을 놓치게 될지도 몰라. 미혜는 아예 전화기 코드를 뽑아 버린다. 아까 낮에도 느닷없는 통증 때문에 전화를 못 받았는데, 중요한 전화는 아니겠지. 남편의 전화가 아닌 건 확실하다. 그럼 된 거지. 교회 사람이거나 아니면 한국의 가족들일 거야. 상관없어.

"네. 무시아 감독, 최근 세 경기에서 12타수 무안타로 부진했던 포수 매티스를 빼고 대신 뉴 페이스를 넣는군요. 빅리그에 오늘 처음 발을 들여놓는 싱싱한 선수입니다. 공격의 기회는 이제 9회 말한 번밖에 남지 않았는데요, 모처럼 찾아온 좋은 기회에 과감하게 모험을 감행하는 무시아 감독입니다."

"강타 쿠~"

장내 아나운서가 과장된 목소리로 강타를 불러낸다. 열기가 오른 관중석에서 전에 없던 새로운 응원 소리가 터져 나오기 시작한다. 어디에서 누가 시작했는지 알 수 없지만 여기저기서 "쿠~~" 하는 소리가 들려온다.

"쿠~~"

"쿠~~"

타자석에 들어선 강타가 눈을 지그시 감고 심호흡한다. 타워의 조명은 찬란한 빛을 쏟아 내고 있고 외야 쪽 바위산에 선 세 기둥의 깃발들은 시원하게 펄럭이고 있다. 이 순간을 잊지 않으리라. 4만 5,000석을 가득 메운 관중이 한목소리로 쿠~ 쿠~ 나를 응원하고 있다. 이 열기, 이 기회를 놓치지 않으리라. 강타가 눈을 부릅뜬다.

배리 지토의 모자는 이미 땀에 흠뻑 젖어 있다. 자이언츠 감독은 투수를 끝까지 믿어 볼 작정인 모양이다. 지토가 너 따위 신참 정도야 아무것도 아니라는 듯 비웃는 표정으로 포수와 사인을 주고받는다.

초구는 95마일의 강속구다. 바깥 아래쪽으로 파고들어온다. "스트라이크!" 전광석화처럼 빠르다. 하지만 얼마든지 던져 보라지. 빠른 볼이라면 나도 자신 있어. 두 번째도 빠르게 들어오면 내가 그대로 날려보내 주마.

지토가 예리한 포크볼을 던진다. 아, 몸이 먼저 나가 버렸다. "스트라이크!" 공이 들어오는 걸 노려보다가 황망하게 휘두르고 말았다. 노련한 거물 투수답다. 신참을 어떻게 다뤄야 하는지 잘 아는 것이다. 헛스윙을 유도해 얼을 빼놓는다. 투수의 선제공격에 관중석에서는 탄식 소리가 터져 나온다.

'벌써 투 스트라이크다. 다음 투구로 요리조리 스윙을 유도하겠지. 침착하자. 최대한 자제하는 거야. 좋지 않은 공에는 손도 대지 말자.'

강타가 마음을 가다듬으면서 배트를 휘휘 돌리며 다시 타석에 들어선다. 그런데 갑자기 두려움이 몰려오기 시작한다. 잘못된다는 생각은 한 번도 해 본 적이 없는데, 왜 이렇게 불안하지? 생각이 많아지자 호흡이 거칠어진다.

세 번째 공은 다행히 눈에 띄게 낮게 깔리며 들어온다. 흔들림 없이 쉽게 골라낸다. 네 번째 공이 들어온다. "틱!" 빗맞았다. 백스톱을 넘어 관중석에 떨어지는 파울볼이다. 빅리그에서 처음 때린 공이 파울이라니. 배트를 쥔 손바닥이 아려 온다. 공의 힘이 엄청나네. 역시 마이너리그와 수준이 다르구나.

지토의 눈에서 살기가 느껴진다. 마치 '너를 반드시 죽여 버리고야 말겠어.'라고 하는 것 같다. 야구는 살기등등한 스포츠다. 투수와 타자는 수많은 관중 앞에서 승자와 패자를 반드시 가려야 한다. 특히 지금과 같은 상황은 그야말로 생사를 건 결투나 마찬가지다. 사람들이 야구에 열광하는 이유는 이런 정면 승부의 순간들이 있기 때문이다. 결과를 예측할 수 없는 가운데 매번 흥미진진한 장면이 연출되기 때문에 눈과 마음을 집중할 수밖에 없다.

강타는 지토의 강한 눈빛을 보자 기가 꺾이고 만다. 심장이 요동치며 자신감이 툭 떨어진다. 불길한 예감이 온몸을 휘어 감는다.

아주 짧은 인터벌로 다섯 번째 공이 기습적으로 날아온다. 빠른 공이다. 반사적으로 배트가 돌아간다.

"딱!"

강타는 손바닥에 지독한 통증을 느낀다. 배트는 부러지고 공이 2루수 앞으로 빠르게 굴러간다. 더블플레이를 노리고 전진해 있던 2루수가 잽싸게 공을 2루 베이스로 들어온 유격수에게 던지고, 유격수는 유연한 동작으로 재빨리 1루로 송구한다.

강타는 있는 힘껏 달려서 1루를 향해 몸을 날린다. 하지만 1루심은 큰 동작으로 아웃을 선언한다.

"우~~"

"우~~"

심판의 판정에 대한 야유인지 강타의 병살타에 대한 야유인지 관중석에서는 "우~" 하는 함성이 들려온다. 강타는 슬라이딩으로 흙 범벅이 된 유니폼을 툭툭 털면서 일어나 멀리 굴러떨어진 헬멧을 주워 머리에 쓴다. 고개를 푹 숙이고 더그아웃으로 걸어 들어간다. 다시없을 좋은 기회였다. 감독이 믿어 주었건만 기대에 부응하지 못했다는 자책감이 어깨를 무겁게 짓누른다. 슬쩍 무시아 감독의 표정을 살핀다. 여전히 무덤덤한 표정으로 경기장을 응시하고 있다. 윗입술을 물고 잘근잘근 씹고 있을 게 뻔하다. 더그아웃 구석에는 강타에게 타격의 기회를 뺏긴 포수 매티스가 잔뜩 부은 표정으로 풍선껌을 질겅질겅 씹고 있다.

Game #1

엘살바도르 홍과의 통화

"후~"

미혜가 컴퓨터를 끄며 가느다란 한숨을 내뱉는다.

9회 말, 마지막 공격에서 에인절스의 지명 타자 아브레유가 상대 마무리 투수로부터 우중간을 넘기는 홈런을 쳐 내기는 했지만 승부를 뒤집지는 못했다. 결국 경기는 1 대 2로 패하고 말았다.

첫 타석에서의 병살타. 이 쓰라린 기억이 남편에게 오래도록 남지 않길 바랄 뿐이다. 남편은 경기에서 실수를 하거나 타격 결과가 좋지 않은 날이면 집에 돌아와서도 내내 끙끙댈 만큼 소심한 사람이다.

노트북의 전원 코드를 뽑는데 아까 뽑아 두었던 전화선이 눈에 들어온다. 전화 코드를 꽂는 순간 벽걸이 전화가 큰 소리로 울어 댄다. 깜짝 놀란 미혜가 감전이라도 된 듯 엉덩방아를 찧는다.

"따르릉, 따르르릉~"

꽂자마자 벨이 울릴 줄이야. 놀란 가슴을 쓸어내리며 수화기를 집어 들자 익숙한 목소리가 들려온다.

"여보세요. 제수씨? 여기 엘살바도르예요. 홍이요, 홍!"

미혜는 순간 삼국지의 장비가 살아 있다면 바로 이런 목소리가 아닐까 하고 생각하며 웃는다. 미혜가 반갑게 인사하자 엘살바도르 홍이 걸걸한 목소리로 야단치듯 다그친다.

"아이 씨, 나 원 참! 도대체 왜 둘 다 전화를 하루 종일 안 받는 거요?"

오늘 있었던 일을 어떻게 다 설명할까. 미혜는 그저 미안하다고 한다. 그러자 성질 급한 홍이 자신의 용건을 털어놓는다.

"2, 3주쯤 있다가 미국에 갈 일이 있는데, 그때 한번 들러도 되겠어요?"

"어머나, 그럼요! 당연히 오셔야죠. 아이들 때문에 좀 시끄럽긴 해도 여기가 편하시잖아요. 그런데 이번엔 무슨 일로 오세요?"

"아, 그야 빤하죠. 돈이 다 떨어졌어요. 수금 좀 해야지. 흐흐흐. 걱정 마쇼. 제수씨네 사정은 빤히 다 아니까. 미국 땅에 내가 사기 칠 놈들이 여기저기 쌨어요. 크크크."

넉살도 좋으셔. 홍은 용건을 끝내자마자 강타의 안부부터 묻는다. 빅리그에 콜업 되어 LA에 갔다고 전하자 괴성을 지르더니 킬킬거리며 웃는다.

"이야, 6년 만이죠? 이제야 부름을 받았구먼! 으하하. 조만간 녀석에게 크게 사기 한번 쳐도 되겠네. 각오 단단히 해 두라고 일러주시용. 제수씨~~"

컬컬한 목소리가 어느새 간신배의 콧소리로 바뀌었다.

엘살바도르 홍. 늘 즐거운 에너지가 넘치는 괴짜 같은 인물이다. 남편과는 리틀 야구 시절부터 투수와 포수로 배터리를 이루며 단짝으로 지냈던 형제 같은 사이다. 남편보다 몇 살 위지만 만나면 동갑내기 친구처럼 티격태격한다. 롯데 자이언츠의 이대호 선수를 연상시키는 거대한 몸집에 수염이 얼굴의 반을 어지럽게 덮고 있는 외모의 소유자다. 그런데 긴 창을 휘두르며 다닐 것 같은 외모와는 달리 국제구호단체에 소속되어 맨손으로 사람들을 돕는 현장전문가다.

중학교 시절 포수로 공을 받다가 파울볼이 목을 치는 바람에 그대로 실신한 적이 있었다. 그때 성대가 마비되어 2년을 심하게 고생하고 난 후 결국 운동을 포기하고 진로를 바꿔 공부를 시작했다. 그런데 독하게 공부한 덕분인지 아니면 원래 천재였는지 서울대 법대에 덜컥 합격해서 전설이 되었다.

그런 홍이 대학 시절 교회 수련회에서 신비한 체험을 한 뒤로

180도 달라진 모습으로 나타나 다시 한번 사람들을 놀라게 했다. 결국 부모의 완강한 만류를 뿌리치고 법관의 길을 포기했고 NGO 단체에 투신해 버렸다.

 엘살바도르의 정글로 들어간 게 3년 전의 일이다. 지난해 여름 미국에서 열린 하계 NGO 컨벤션에 참가하기 위해 온 그를 만났을 때는 거지대왕이 따로 없었다.

"어이! 제수씨, 내 말 듣고 있는 거요?"
 잠시 추억에 잠겼던 미혜가 홍의 고함 소리에 깜짝 놀라 정신을 차린다. 아, 뭔가 물었던 것 같은데……. 맞다. 필승이의 그 증상에 대해 물었지. 미혜는 침을 한 번 꿀꺽 삼키고 말을 잇는다.
 "그 후로는 그런 증상이 없었어요. 다행히."
 "그거 정말 다행이오. 뭐, 누구에게나 일어날 수 있는 일이지만 필승이는 아직 어리잖아요. 사리 분별도 안 되는 나이에 그런 일을 겪어 봐야 별로 좋을 게 없지요. 게다가 그러고 나서 눈이 더 나빠졌다면서요. 어휴, 내가 기도 많이 했어요."
 미국에 도착하면 다시 연락하기로 하고 기분 좋게 통화를 마무리한다. 미혜가 수화기를 내려놓고 소파에 누워 잠든 필승이를 내려다본다.

★

　2005년 여름의 일이 떠오른다. 7월 6일, 미혜의 생일. 남편은 원정 경기로 집에 없었다. 가까운 사람들끼리 모여서 조촐한 파티를 하려고 했다.
　그날, 낮잠에서 깬 필승이가 울음을 터뜨렸다. 울음소리가 여느 때와 달랐다. 마치 늑대처럼 울부짖었다. 너무 놀라서 구급차까지 불렀는데 필승이의 울음은 앰뷸런스 안에서도 병원에서도 멈추질 않았다. 병원에서는 별다른 이상이 없다며 수액을 놓아 주고 그저 안정을 취하게 하라는 말만 했다. 결국 생일 파티는 취소해야 했다.
　다음 날부터 필승이는 입만 열면 네 글자만 반복해서 말하며 몸서리쳤다.
　카.트.리.나.
　처음엔 필승이가 아는 누군가의 이름인 줄 알았다. 그래서 주변에 캐서린이나 카트리나라는 이름의 여자아이가 있는지 알아봤지만 그런 아이는 없었다. 왜 그 이름만 부르는지 도대체 알 수가 없었다. 그로부터 한 달 반 동안 아이는 울음을 멈추지 않고 계속해서 "카트리나"만 중얼거렸다.
　미혜의 알 수 없는 통증도 이때부터 시작되었다. 아이가 울면 미혜는 통증을 느낀다. 마치 하나의 몸처럼. 아이가 심하게 울면 울수록 미혜는 형언할 수 없는 통증에 시달려야 했다. 마치 혈관

속에 고슴도치가 한껏 가시를 돋운 채 정신없이 뛰어다니는 것만 같은 고통이 느껴졌다.

그런데 8월 23일이 되자 아이가 언제 그랬냐는 듯이 울음을 그쳤고 미혜의 고통도 거짓말처럼 멎었다. 안도하는 것도 잠시, TV 뉴스에서 흘러나온 이름에 강타와 미혜는 기절할 듯 놀랐다. 플로리다 주 동쪽에서 허리케인 카트리나가 발생했는데 그 움직임이 심상치 않다는 것이었다. 필승이가 손가락으로 TV 화면을 가리키며 "카트리나" 하고 중얼거렸다.

미국 남동부가 카트리나로 인해 거의 궤멸되다시피 했다. 초속 75m의 강풍과 홍수로 뉴올리언스 주 80% 지역에서 모두 2,541명의 목숨을 앗아 간 끔찍한 참사가 일어났던 것이다.

한 달 반 전에 필승이는 무얼 봤던 것일까? "카트리나"를 중얼거리며 늑대처럼 울부짖다가 서럽게 울기도 했다. 어떻게 알았을까? 이런 끔찍한 일이 벌어질 것을 어떻게 알고 먼저 울었던 것일까?

설마 아닐 거야. 미혜는 믿고 싶지 않았다. 아이와 카트리나를 연관시키지 않으려고 노력했다. 필승이는 다시 천진한 아이로 돌아갔다.

그러나 얼마 지나지 않아 또 한 번 사건이 벌어졌다. 9월 초순이었다. 새벽 3시에 잠에서 깬 필승이가 다짜고짜 외할머니를 찾으며 울어 댔다. 서울에 계신 외할머니께 전화해 달라고 막무가내로

떼쓰는 바람에 마지못해 전화를 걸었다가 놀라운 소식을 듣게 되었다. 그때가 한국 시각으로는 저녁 6시 무렵이었는데, 외할머니가 골목길에서 갑자기 튀어나온 자전거를 피하려다 넘어져서 허리를 삐끗해 응급 치료를 받고 있었던 것이다.

도대체 필승이에게 무슨 일이 일어난 걸까? 이게 다 무슨 일이야? 미혜와 강타는 누가 먼저랄 것도 없이 즉시 엘살바도르 홍을 떠올렸다. 주변에서 설명할 수 없는 체험을 해 본 사람은 홍이 유일했다. 홍에게 집요하게 물었지만 결국 만족할 만한 답을 듣지는 못했다. 그때 홍은 껄껄 웃기만 할 뿐 별거 아니라고 대수롭게 여기지 말라는 말만 했다.

미혜는 필승이가 깨지 않도록 살며시 머리를 쓰다듬는다. 등에 업힌 연승이가 또 칭얼거리며 몸을 움직인다.

카트리나 사건 이후 필승이의 시력이 급격하게 나빠졌다. 선천적으로도 시력이 안 좋았는데, 안경 없이는 일상생활이 불가능할 정도로 더 나빠졌다. 앞으로도 불편하게 살아가야 할 아이를 생각하니 안쓰럽기만 하다.

'어서 고글을 맞춰 줘야 하는데…….'

생각하며 미혜는 아이의 귓불에 가볍게 입을 맞춘다.

Game #2 **진정한 소망**

내가 배트이고 내 인생이 배트다.
배트에 중심이 있듯이 내 인생에도 중심이 있다!
그 중심이란 게 대체 어디에 있는 걸까? 혹시……,
영혼의 마지막 베일에 감추어진 그것. 그게 중심이 아닐까?

Game #2

의심스러운 멘탈 콘퍼런스

"자네, 내일 멘탈 콘퍼런스에 들어간다며?"

라커 룸에서 유격수인 에릭 아야바르가 강타의 어깨를 툭 치면서 말을 걸어온다.

"아, 그런가요?"

강타가 당황해서 고개를 갸우뚱하며 대답하자 아야바르가 눈을 흘기고 지나간다.

이건 또 뭘까? 윤 박사님에게 물어봐야겠다. 에이전트 윤 박사는 멀리서도 LA 에인절스 구단 관계자들과 긴밀한 소통을 하고 있다. 정보 수집은 강타 본인보다 윤 박사가 훨씬 더 빠르다. 경기 스케줄 관리에서부터 유니폼이나 장비의 관리까지, 심지어는 다음 시즌 연봉 협상을 위한 자료 수집까지 모두 윤 박사가 알아서 해 주고 있다. 강타에게 도움이 될 만한 정보는 수시로 문자로 알려 주고, 더러 급한 것은 직접 전화를 걸어 알려 주기도 한다.

"후~" 한숨을 내쉬며 유니폼을 벗고 라커에서 트레이닝복을 꺼내 갈아입는다. 휴대전화를 꺼내 켜 보니 윤 박사가 보낸 문자가 벌써 들어와 있다.

"내일 오후 3시. 구장 내 클럽 하우스 콘퍼런스 룸에서 미팅."

느낌이 썩 좋지 않다. 아니나 다를까 마이너리그에서 콜업 된 선수들이 실력 발휘를 못하고 헤맬 때 심리치료사와 면담을 시키곤 한다는 설명이 붙어 있다. 선수를 위한 일종의 서비스니 불쾌해할 것 없다는 말도 덧붙었다.

헤맨다고? 훗, 그렇게 말할 만도 해. 강타는 첫 타석에 병살타를 날린 이후 일주일 동안 다섯 게임에 출전했다. 원래 포지션인 우익수 자리에는 로치이가 버티고 있기 때문에 하는 수 없이 중견수 자리에서 뛰어야 했다. 지금까지 단 한 번도 중견수로 뛰어 본 경험이 없는 그였다. 감독도 이를 모를 리가 없다. 어제 경기에서는 좌익수와 중견수 사이로 원바운드로 빠르게 날아오는 안타를 잡으려고 슬라이딩하다가 공을 뒤로 빠뜨리는 큰 실수를 저질렀다. 강타의 결정적 실수 때문에 팀은 4연패의 수렁에 빠지고 말았다. 게다가 강타의 타격은 초라하기 그지없다. 17타수 1안타.

무시아 감독은 적잖이 실망한 눈치다. 동료들의 차가운 눈빛에 바늘방석이 따로 없다. 클럽 하우스를 빠져나가는 강타의 그림자는 처진 어깨만큼이나 길게 드리워져 있다.

아내는 때때로 엄습하는 원인을 알 수 없는 통증 때문에 시달리고 있고, 큰아들 필승이는 어린 나이에 감당하기 어려운 이상한 증상과 나쁜 시력 때문에 고생하고 있다. 둘째 연승이는 고성능 에너지 흡수기라 잠시만 같이 있어도 진을 다 빼놓는다.

가장이란 이름으로 가족을 두 어깨에 짊어진 강타의 모습이 오늘은 바람이라도 불면 금세 찢길 종이처럼 얇고 초라해 보인다.

다음 날, 오후 3시.

닥터 홀랜드라는 사내가 콘퍼런스 룸으로 들어온다. 콘퍼런스 대상은 강타뿐이다.

닥터 홀랜드는 키가 190cm가 넘는 거구에다 전설적인 좌완 투수 랜디 존슨을 닮았다. 잿빛 콧수염과 올백으로 넘긴 회색 머리칼이 나이와 연륜을 보여 주는 듯하다. 붉은 기운이 도는 피부는 탱탱하지만 눈가에 주름은 마치 지문처럼 자글자글하다. 정장 차림에 넥타이핀을 달았고 소매에는 커프스 버튼까지 채웠다. 구두는 파리가 앉으면 미끄러질 정도로 반짝반짝 윤이 난다. 꽤 보수적인 사람일 것 같다.

"강타, 자네가 지금 간절히 원하는 게 뭔가?"

초면인데 내면을 들추는 질문을 거침없이 쏟아 낸다. 게다가 살짝 말까지 놓는다. 말투와 표정에서 거만함이 느껴진다. 마치 자신이 세상의 모든 비밀과 지식을 꿰뚫고 있는 현자라도 된 듯한 태도에 강타는 쉽게 마음의 문을 열지 못한다. 하지만 괜히 욱하는 마음에 대들었다가 저 거구에게 멱살이라도 잡히면 뼈도 못 추릴 것 같다. 못마땅하지만 끙, 속으로 앓는다.

'마이너리그, 그 끔찍한 곳으로 두 번 다시 내려가지 않고 이 천국 같은 빅리그에서 내 실력을 마음껏 뽐내는 거지. 당연히!'

강타가 미처 소리를 못 내고 속으로 웅변했지만, 그는 대답을 기대하지도 않는 눈치다.

슬라이드 화면에 동양인 선수의 얼굴이 뜨자 강타가 한눈에 알아본다.

"신조 츠요시?"

"2000년 말 뉴욕 메츠로 스카우트된 중견수 신조 츠요시, 맞네. 그가 메이저리그 계약을 끝내고 기자들에게 뭐라 큰소리쳤는지 아나?"

강타가 말없이 고개를 젓는다. 누가 그딴 걸 기억한단 말인가.

닥터 홀랜드가 신조의 일본식 억양을 흉내 내며 말을 잇는다.

"'나는 메이저리그 첫 타석에서 안타를 칠 겁니다. 지금까지 데뷔전은 모두 안타로 장식했으니까 이번에도 안타를 쳐야 하지 않겠어요?' 이렇게 말했지. 하하핫."

강타가 어이없어 하며 입을 살짝 벌린다. 기자들 앞에서 그런 허풍을 떨다니.

"당시 인터뷰를 들은 야구평론가나 스포츠뉴스 진행자들은 하나같이 웃음을 터뜨렸지. 일본에서도 별로 두드러진 성적을 거두지 못했던 선수가 메이저리그 첫 타석에서 안타를 치겠다고 하니 얼마나 우스웠겠나?"

"안타를 '때리고 싶다.'도 아니고 '칠 것이다.'라고 말했다는 겁니까?"

"굿 포인트! 마치 예언이라도 하는 것처럼 그렇게 말했지. 그때 신조는 확신에 찬 표정으로 안타를 치겠다고 선언했다네. 과연 결과는 어땠을까?"

닥터 홀랜드가 리모컨을 누르자 신조 츠요시가 데뷔전에서 안타를 치는 장면이 나온다. 내야수와 외야수 중간에 떨어지는 행운의 텍사스히트를 만들어 낸다. 1루에 진출해 장갑을 벗어 주루 코치에게 넘기며 싱글싱글 웃는 신조의 얼굴을 보면서 강타가 침을 꿀꺽 삼킨다. 신기한 걸. 저 친구, 어디서 저런 배짱이 나왔을까?

강타가 생각에 잠겨 있는 동안 닥터 홀랜드가 가방에서 무언가를 꺼낸다. 야구 배트다. 얼마나 닦았는지 윤기가 자르르 흐른다. 닥터가 배트를 손에 쥐고 가볍게 흔들다가 휘파람 소리를 내며 강타에게 휙 던진다.

"몇 온스짜린지 맞춰 보게나."

반짝반짝 빛나는 원목 그대로다. 엠블럼을 보니 그 유명한 "Where It All Began"이다. 야구의 고향 쿠퍼스타운에서 장인이 만든 수제 배트다.

강타가 눈을 감고 자신이 사용하는 32온스짜리 배트와 비교해 본다. 조금 더 무거운 것 같다.

"33온스."

1온스는 약 28그램에 불과하다.

"정확하군."

닥터 홀랜드가 빙긋이 웃더니 배트를 다시 내놓으라는 몸짓을 한다. 배트를 받아 든 닥터는 마치 펜싱 선수가 칼을 겨누듯 배트를 들어 강타의 눈을 향해 겨눈다. 눈초리가 불꽃이 일 만큼 매섭다. 이 사람, 대체 뭘 하자는 거야? 그렇게 10여 초를 노려보다가 느릿한 음성으로 묻는다.

"자네 눈에는 이 배트의 중심이 보이나?"

배트의 끝은 아직도 칼끝처럼 강타 눈을 겨누고 있다.

배트의 중심? 스위트 스팟이라면 잘 알고 있다. 투수가 던진 공이 부딪혔을 때 가장 멀리 날아가는 지점이 아닌가.

"스위트 스팟을 말씀하시는 거라면 저도 알고 있습니다."

닥터가 배트를 천천히 거둔다. 이번에는 배트의 끝을 자기 눈앞으로 갖다 대면서 마치 눈으로 훑듯이 꼼꼼히 살핀다.

"흠, 대답이 시시하군. 그런 대답은 누구나 할 수 있어. 지금 내가 말하는 중심이란, 따분한 물리학 이론에서 나온 스위트 스팟이 아닐세. 암, 아니고말고."

기가 한풀 꺾인 강타는 닥터의 행위 예술 같은 동작을 물끄러미 쳐다만 본다. 대체 무슨 말을 하고 싶은 거야?

닥터 홀랜드는 마치 자신이 200년 야구 역사의 위대한 비밀 하나를 숨기고 있다는 듯 강타의 귀에 대고 은밀하게 속삭인다.

"자네는 오늘, 나와의 만남을 통해 완전히 새로운 야구 인생으로 거듭나게 될 거야."

왠지 음침한 기분이 든다. 강타가 마른침을 삼킨다. 뭐야, 이건? 중심이 어쩌고저쩌고하며 큰소리치는 이 작자, 대체 무슨 말을 하려는 거야?

―――― Game #2

강렬한
점화

 닥터 홀랜드가 엄숙한 분위기를 연출하며 가방에서 벨벳 천을 꺼내 테이블 위에 펼치더니 배트를 그 위에 조심스럽게 내려놓는다. 두 사람은 테이블을 사이에 두고 마주 서 있다. 테이블 위에 놓인 배트가 마치 나침반의 바늘처럼 보인다.
 "이봐. 긴장할 것 없어. 릴랙스! 의자에 등을 기대고 앉아 머리를 편하게 뒤로 젖히게. 그래, 그렇게. 이제 눈을 감아 보게. 몸의 힘은 다 빼고 말이야."
 멘탈 트레이닝을 받아 본 강타가 이 정도의 기본을 모를 리가 없다. 흠, 이미지 트레이닝을 하겠다는 건가? 강타는 닥터가 시키는 대로 순순히 따라 한다. 콘퍼런스 룸의 의자는 바퀴가 달리고 목받침이 있는 고급 가죽의자여서 쿠션이 아주 좋다. 강타는 긴장을 풀고 의자 깊숙이 몸을 파묻는다. 눈을 감자 마음이 편안해지는 것 같다.

닥터 홀랜드는 한동안 아무 말이 없다. 벽시계의 초침이 째깍째깍 움직이는 소리가 점점 크게 들려온다. 숨을 깊이 들이쉬고 내쉬어 본다.

드디어 닥터가 침묵을 깬다.

"미스터 쿠. 자네 몸이 배트가 되었다고 상상해 보게."

'나보고 배트가 되라고? 이런 이미지 트레이닝은 처음인데? 보통은 경기 상황을 떠올리라고 하는데 이번엔 좀 다른걸?'

난 배트다.

난 배트다.

강타가 속으로 중얼거린다.

'흠, 생각해 보니 배트가 돼서 좋을 게 없겠는걸. 온몸으로 공을 때리는 인생이라니. 되게 아프겠군.'

강타의 얼굴이 일그러진다. 하지만 닥터는 여전히 아무 말이 없다.

강타는 자신이 배트가 된 상상을 계속한다. 병살타를 날린 메이저리그 첫 타석의 배트가 가장 먼저 떠오른다. 타자의 손바닥에 지독한 통증을 남기고 배트는 두 동강이 났다. 쓰라린 기억이다.

'내가 배트가 된다. 가끔 부러지기도 하는 배트, 그게 내 인생이라면 어떤 느낌일까? 파울볼을 날릴 때 타자의 손바닥이 울리고 아픈 만큼 배트 자신도 꽤나 아플 것이다. 그렇다면 통쾌하게 우월 3

루타를 날릴 때는 어떨까? 내친 김에 홈런까지 날린다면? 공이 제대로 맞았을 때에는 맞는 소리가 경쾌할 뿐 아니라 손바닥도 전혀 안 아프다. 배트도 마찬가지가 아닐까?'

배트의 중심에 공이 제대로 맞으면 결과도 좋지만 무엇보다도 아프지 않아서 좋다. 시원한 느낌, 상쾌한 기분이다. 아마 틀림없이 배트가 느끼는 기분도 딱 그럴 것이다.

"지금쯤 자네 머릿속에는 배트의 중심이 떠올랐을 거야. 그렇지 않나?"

강타가 깜짝 놀라 눈을 뜬다. 닥터와 눈이 마주친 강타는 고개를 끄덕이는 것으로 대답을 대신한다. 닥터 홀랜드가 그럴 줄 알았다는 듯 젠체하며 말을 잇는다.

"배트에는 분명히 중심이 있지. 물리적으로 머리끝에서부터 몇 인치 아래에 그 중심이 있다고 콕 짚어서 말할 수는 없네. 타자가 배트를 잡은 손의 위치나 스윙의 궤적에 따라 그 중심이란 것의 위치가 조금씩 달라질 수 있으니까 말일세. 하지만 한 가지 확실한 것은 분명히 중심이 존재한다는 거야. 그리고 그 중심에 공을 정확히 맞추게 되면 고통이 없을뿐더러 그 결과가 기막히지."

강타가 마음으로 동의한다. 스스로 배트가 되었다고 상상하기 시작하니 생각이 꼬리를 물고 이어진다. 인생이 배트라면 인생에도 스위트 스팟 같은 중심이 있지 않을까?

누가 보더라도 지금까지의 강타의 인생은 화려하게 홈런을 날린 배트가 아니다. 파울볼이나 빗맞은 타구나 날리는 불량 배트다. 자칫하다간 병살타 인생으로 끔찍하게 두 동강이 나 버릴지도 모른다. 당장 이 상황만 해도 그렇다. 오죽 못났으면 이렇게 누워서 심리 치료나 받겠는가. 이유 없는 통증에 시달리는 아내와 갈수록 시력이 나빠지는 아들 녀석을 떠올리니 자신의 인생은 파울볼이나 날리는 불량 배트에 불과하다는 생각이 들어 우울해진다.

강타의 표정이 어두워지자 닥터 홀랜드가 분위기를 바꾸려는 듯 입을 연다.

"이제 눈을 뜨고 일어나 똑바로 앉게나."

하지만 강타는 바로 눈을 뜰 수가 없다. 눈에 촉촉한 물기가 고여 있어 잘못하면 쪼르르 볼을 타고 흘러내릴 것만 같기 때문이다. 두세 번 눈을 깜빡인 후에야 겨우 일어나 앉는다.

닥터가 말을 잇는다.

"최근에 이루어진 연구들을 보면, 인간의 내면에는 상상을 초월할 만큼 강력한 힘이 존재하고 있다는 걸 알 수 있네. 돋보기로 사물을 관찰해 본 적이 있겠지? 그냥 보면 확대경에 지나지 않지만 태양 빛에 초점을 맞추면 어떻게 되던가? 불꽃이 일어나지. 강력한 점화가 일어난단 말이야. 내면의 힘도 같은 이치일세. 아니, 그보다 훨씬 강력하다고 할 수 있지."

닥터 홀랜드가 엄지와 검지를 맞대어 동그란 돋보기 모양을 만들고 테이블을 비추는 햇살에 대며 불을 붙이는 시늉을 한다.

★

"우와, 신 난다. 진짜 잘 보여요."

필승이가 고글을 만지작거리며 환하게 웃는다. 피닉스 다운타운에 있는 안과 지정 안경점에 왔다. 고글을 쓰면 야구를 더 잘할 수 있을 거라는 코치의 말이 자꾸 떠올라서 하루라도 빨리 맞춰 주는 게 좋겠다고 생각했다. 잘했어! 미혜는 속으로 자신을 칭찬한다. 완전히 뽀로로네. 몸집에 비해서 유난히 머리가 큰 필승이가 헬멧에다 고글까지 쓰니 영락없이 뽀로로가 된다.

미혜가 웃음을 터뜨린다. 두 아이를 볼 때마다 낳기를 참 잘했다는 생각이 든다. 필승이 하나만 낳았으면 무척 외로웠을 것 같다. 남편이 빅리그에 안착하기만 하면 셋째도 낳자고 할 판이다.

매주 목요일 오후엔 필승이의 리틀 야구 클럽 활동이 있다. 황량한 애리조나 사막에 건설된 도시가 피닉스이다. 녹지가 절대적으로 부족한 이 도시에서 아이들을 위한 리틀 야구 클럽을 찾기란 여간 어려운 일이 아니었다. 미혜는 고물 폭스바겐을 몰고 인디언 스쿨로드를 따라 조심스럽게 이동한다. 애즈베리 연합감리교회 첨탑이 보인다. 클럽에 거의 다 왔다. 다행히도 연승이가 금방 잠들어서 비교적 수월하게 올 수 있었다.

고글을 쓴 필승이는 기분이 얼마나 좋은지 금방이라도 홈런을 날려 버릴 기세다. 귀여운 나의 뽀로로.

Game #2

중심을 건드리는 순간

"강타, 자네가 야구 선수로서, 아니 인간 강타 쿠로서 어떤 소망을 품고 있든지 상관없이 그 소망하는 바를 마음의 중심에 정통으로 맞추기만 한다면 소망이 반드시 이뤄진다네! 뭘 원하든 말이야."

닥터 홀랜드가 말했다. 그러나 강타는 그의 말이 미덥지 않다.

'뭐, 그런 거였어? 이 작자, 정체가 이거야? 소위 끌어당김의 법칙이니 뭐니 하면서 생각이 좋은 일과 나쁜 일을 끌어당기고 생생하게 꿈꾸면 반드시 이루어진다는 뭐 그런 흔해 빠진 이야기나 들으려고 여기 이러고 있는 건가! 젠장. 괜히 시간 낭비만 했군.'

강타의 얼굴이 일그러진다. 강타는 노력과 성실을 믿는 사람이다. 요술 램프의 지니보다는 자기 자신의 땀을 더 믿는다. 그렇다고 해서 덮어놓고 부정적인 사람은 아니다. 조금 황당한 이야기를 들어도 그러려니 하고 이해하려 애쓰는 편이지만 지금 닥터가 들려주는 이야기는 왠지 모를 불편함을 준다. 마음 한구석에 소리 없이 거미줄이 쳐지듯 의심이 가느다란 집을 짓는다.

"방금 뭘 소망하든지 다 이뤄진다고 하셨습니까?"

강타의 목소리가 차가워진다. 닥터가 가볍게 미소 지으며 고개를 젓는다.

"아닐세, 자네는 내 말을 제대로 알아듣지 못했구먼. 뭘 꿈꾸고 소망하든지 무조건 다 이루어진다고는 안 했네. 세상살이가 어디 그렇게 쉽던가, 녹록하더냐고? 내가 요술 램프의 지니라도 불러낼 줄 알았나?"

순간 강타는 말문이 막혔다. 세상살이, 쉽지 않다. 맞는 말이다. 빅리그 진출을 그토록 열망해 왔지만 번번이 실패했다. 강타의 앞에는 언제나 빨간불만 켜져 있는 듯했다. 꿈꾼다고, 소망한다고 다 이뤄지는 게 아니라는 것을 누구보다도 잘 알고 있다.

"나는 분명히 이렇게 말했네. '만약 자네가 그 소망을 중심에 정통으로 맞춘다면 반드시 이루어진다.'라고 말일세."

배트에 공을 맞추기만 해도 1루 진출은 그야말로 식은 죽 먹기다. 일곱 살배기 아이들이 수비를 하면 얼마나 하겠는가.

오늘 뽀로로 쿠는 벌써 안타를 두 개나 때렸다. 즐거운 귀갓길이 되겠구나. 미혜는 행복감에 젖어 든다. 야구 실력을 보니 아들은 제 아빠를 전혀 닮지 않은 게 분명하다. 그래도 기죽지 않고 밝은 모습으로 뛰어다니는 아이가 대견하기만 하다.

경기는 마지막 이닝인 5회로 접어든다. 뽀로로 쿠는 1루수다. 말썽꾸러기 쟈니가 뽀로로 쿠의 옆으로 빠지는 안타를 치고 1루에 진출한다. 충분히 잡을 수 있는 공을 놓쳐 버리자 필승이가 당황한 눈치다. 미혜가 힘내라고 목청을 돋워 응원한다.

"괜찮아! 구필승 파이팅! 힘내라! 뽀로로 쿠."

아이가 엄마 쪽을 슬쩍 돌아보더니 힘없이 웃는다.

1루에 나간 말썽꾸러기 쟈니가 필승이를 쳐다보며 뭐라고 한참 쫑알댄다. 분위기가 심상치 않다. 미혜는 아들의 표정을 유심히 살핀다. 처음에는 화를 내는 것 같더니 이내 침울한 표정으로 고개를 숙인 채 발끝으로 흙을 툭툭 차고 있다. 금세 울음을 터뜨릴 것만 같다. 저 녀석, 우리 애한테 도대체 무슨 말을 한 거야. 내 아들, 고개를 들렴.

강타는 돌아가신 아버지를 떠올린다. 아버지는 야구에 있어서만큼은 완벽한 조력자였다. 고등학생 시절 세계야구선수권대회에 나가 MVP로 뽑혀 메이저리그 스카우터들의 관심을 한 몸에 받을 때조차도 칭찬 한마디 안 한 엄격한 분이다. 하지만 글러브나 스파이크 등 강타가 필요로 하는 야구 용품은 전 세계를 뒤져서라도 꼭 직접 구해 오는 분이기도 했다. 겉으로는 냉정해 보이지만 가슴속엔 뜨거운 열정을 품은, 강타에게는 큰 산과도 같은 존재였다.

　모든 생각의 저 아래에는
　우리의 믿음이 깔려 있다네.
　마치 영혼의 마지막 베일과도 같이.

　아버지가 늘 암송하며 강타에게 들려주던 시구절이다. 스페인의 안토니오 마차도가 썼다는 시. 영혼의 마지막 베일…… 그 뒤엔 무엇이 감추어져 있을까? 아버지는 그것에 대해 특별히 얘기하신 적이 없다. 다만 당신의 아들, 구강타가 세계 최고의 야구 선수로 성장할 것이라는 분명한 믿음을 영혼의 마지막 베일, 가장 깊은 곳에 묻어 두고 사셨던 것만은 분명하다.

　강타는 가슴에 손을 얹고 아버지의 목소리를 떠올린다. 강타가 훈련을 마치고 집에 돌아오면 아버지는 언제나 강타를 옆에 앉히고 이렇게 말하곤 했다.

"강타야, 넌 틀림없이 메이저리그 최고의 선수가 될 거야. 그러려면 네 마음 가장 깊은 곳에 믿음이 가득 차올라야 한단다."

'내가 배트이고 내 인생이 배트다. 배트에 중심이 있듯이 내 인생에도 중심이 있다! 그 중심이란 게 대체 어디에 있는 걸까? 혹시…… 영혼의 마지막 베일에 감추어진 그것, 그게 중심이 아닐까?'

닥터 홀랜드가 강타의 생각의 흐름을 끊고 불쑥 말을 꺼낸다.

"중심은 실체네. 그 실체를 건드리는 순간 우리 삶에 뭔가 변화가 일어나지. 그 위력을 깨닫게 되는 순간이 온다네.

프로이트는 우리가 의식이라고 부르는 것은 실제로 정신세계의 단 10%에 불과하다고 했네. 나머지 90%는 무의식으로 남겨져 있는 셈이지. 그 무의식의 맨 밑바닥, 겹겹이 싸인 존재의 가장 깊은 곳에 자리하고 있는 게 바로 중심일세.

대개의 사람들이 갖는 꿈이나 소망은 그 밑바닥에 감추인 중심에는 아무런 영향도 주지 못하는 대단히 피상적인 것들에 지나지 않네. 그러나 아주 간절히 원하는 소망을 저 깊은 곳에 있는 중심으로 내려보내는 방법을 알고 있는 극소수의 사람들이 있지. 그들의 소망은 피상적이지 않아. 진정으로 원하는 게 뭔지 구체적으로 알고 있거든."

닥터의 매서운 눈길과 강타의 날카로운 눈빛이 허공에서 맞부딪친다. 보이지 않는 검이 서로 부딪치는 것 같다. 둘 사이에 무거운 침묵이 흐른다.

초여름의 따가운 햇살이 경기장을 가득 채우고 있다. 5회 초, 지루한 공격이 계속되고 있다. 미혜는 캐리백에서 미네랄워터를 꺼내 목을 축인다. 얼음물이 시원하게 목젖을 타고 흐르면서 쾌감을 준다.

"구필승, 힘내라! 파이팅! 뽀로로 쿠, 고, 고, 고!!"

관람석에 같이 앉은 다른 엄마들도 필승이가 고개 숙인 모습을 본 모양이다. 미혜가 필승이를 위해 파이팅을 외치자 함께 따라서 응원해 준다. 미혜는 가슴이 찡해 오는 것을 느낀다.

이번 회에서만 벌써 4점을 잃었다. 현재 스코어 3 대 9. 가뜩이나 지고 있는데 주자 만루의 상황까지 왔다. 어서 수비를 끝내고 5회 말 마지막 공격에 기대를 걸어 볼 수밖에.

말썽쟁이 쟈니의 순서가 돌아온다. 타순이 벌써 한 바퀴를 돈 모양이다. 일곱 살이라고는 믿지 않을 정도로 거구다. 체중이 적어도 70kg은 돼 보이는 초고도 비만인 쟈니가 껌을 질겅질겅 씹으며 빅리거라도 된 듯 거드름을 피우며 등장한다. 붉은 얼굴에는 온통 주근깨가 덮여 있다.

1루수 뽀로로 쿠는 고개를 푹 숙이고 금방이라도 주저앉을 듯 힘없는 자세로 우두커니 서 있다. 투수가 공을 던지면 자세를 낮추고 수비할 준비를 해야 한다. 필승아, 수비 준비를 해야지. 미혜는 발을 동동 구르며 안타까워서 어쩔 줄 몰라 한다.

쟈니가 공을 무섭게 노려보다가 초구를 때려 낸다.

"깡!"

그러나 빗맞은 타구다. 공은 초라한 궤적을 그리며 내야 위로 붕 떠오른다.

"필승아, 공을 잡아! 뽀로로 쿠, 파이팅! 공을 봐! 머리, 머리 위에 떠 있어."

미혜가 소리치자 필승이가 깜짝 놀란 듯 고개를 들어 공을 쳐다본다. 그리 높지 않은 평범한 플라이볼이다.

지루했던 수비가 이제야 끝날 모양이다. 미혜와 클럽의 학부모들이 모두 안도의 한숨을 내쉰다.

쟈니는 심술 난 표정으로 알루미늄 배트를 땅바닥에 내던지고 1루를 향해 쿵쾅쿵쾅 뛰어간다. 그동안 공은 이미 파울라인을 벗어난 채 날고 있다. 분명한 파울볼이다.

미혜가 가슴을 쓸어내리며 조마조마하게 필승이를 바라본다.

5m

3m

관람석의 모든 눈길이 공이 떨어지는 궤적을 좇아 움직인다.

2m

1m

뽀로로 쿠가 두 손을 쭉 뻗는다. 떨어지는 공을 잡기 위해 글러브를 낀 왼손을 활짝 펼치면서 몸을 앞으로 쭉 뻗는다.

50cm

30cm

10cm

"퍽!"

이건 공이 글러브에 빨려 들어가는 소리가 아니다. 둔탁한 파열음, 뭔가 깨진 듯한 소리다. 관중들이 모두 벌떡 일어선다. 이어서 미혜의 비명 소리가 공기를 가르고 올라간다.

"아아악!"

공이 글러브를 스친 채 뽀로로 쿠의 고글을 정통으로 때리고 나서 튕겨 오른다. 파울 라인에 툭 떨어진다. 필승이는 그대로 뒤로 넘어진다.

미혜의 옆에서 곤히 잠자던 연승이가 엄마의 비명 소리에 놀라서 깼는지 울음을 터뜨린다. 미혜가 날듯이 계단을 서너 칸씩 건너뛰어 경기장으로 내려간다. 코치가 달려오고, 여기저기서 학부모들이 1루 쪽으로 모여들기 시작한다.

"누구, 의사 없어요?"

미혜가 날카롭게 소리 지른다. 코치가 휴대전화로 구급차를 부르는 소리가 들린다.

고글의 오른쪽 렌즈가 깨져 있다. 아이의 눈에서 피가 흐른다. 관람석에 혼자 남겨진 연승이가 빽빽 울어 댄다. 심장이 멎을 것 같은 강한 통증이 미혜를 훑고 지나간다. 혈관 속에 고슴도치 다섯 마리가 동시에 뛰어다니며 할퀴고 있다.

애리조나의 오후, 태양이 모든 걸 불살라 버릴 듯 내리쬐고 있다.

Game #2

드림
센텐스

강타는 닥터 홀랜드가 영 미덥지 않지만 그가 들려준 얘기들 중에서 마음에 와 닿는 몇 가지가 있기는 하다. 진정으로 원하는 소망을 분명하게 정하고, 그 소망이 영혼의 마지막 베일 너머에 있는 중심에 닿도록 해야 한다는 부분이 가장 마음에 들었다.

닥터 홀랜드는, 소망이 중심에 닿게 하는 가장 확실한 방법은 드림 센텐스를 활용하는 것이라고 했다. 구체적인 소망의 내용을 담은, 열 개의 어절로 된 한 문장을 만드는 것이다. 우리의 내면은 말의 지배를 받는다. 말에는 각인력, 견인력, 창조력이 있어서 소망을 중심에 새기고 집중시키는 데 가장 큰 힘을 발휘한다고 했다.

대부분의 사람들은 어느 순간 동기 부여를 받으면 강렬한 소망을 갖지만, 누군가가 곁에서 지속적으로 동기 부여를 해 주지 않으면 금세 싫증을 내거나 쉽게 포기해 버리고 만다. 자기 자신 안에 얼마나 강력한 점화 장치가 있는지 몰라서 지레 포기하는 것이다. 그러고는 불평불만을 늘어놓기 일쑤다.

내면의 중심에 간절한 소망이 뚜렷하게 각인되지 않으면 온갖 부정적인 생각들이 무의식의 영역에 침투해서 결국 중심을 오염시키고 말 것이다. 불안, 두려움, 공포, 열등감, 좌절, 실패에 대한 이미지들이 서서히 중심을 물들이고 나면, 오염된 중심은 부정적인 결과만을 확대 재생산하는 악순환에 빠지게 된다.

한 시간 뒤 워밍업이 시작될 예정이다.

테이블에 걸터앉은 강타가 배트를 만지작거리며 드림 센텐스를 만들기 위해 고민하기 시작한다. 어떤 게 좋을까? 내 안에 터질 듯 불붙고 있는 이 열망을 표현할 낱말들을 찾아야 해. 우선 생각나는 대로 한 줄 써 내려가 본다.

"나는 반드시 메이저리거가 되어 내 꿈을 이루어 낸다."

어절이 여덟 개밖에 안 된다. 최고의 드림 센텐스를 만들어야 해. 도대체 어떻게 만드는 거야? 다시 한번 써 본다.

"나는 반드시 풀타임 빅리거가 되어 최고의 플레이를 펼치는 완벽한 선수가 된다."

괜찮은 것 같은데……. 이크, 이번엔 열한 개 어절이잖아. 뭘 쳐 낸다? 다시 읽어 보니 '언제까지'라는 시간이 없다. 구체적으로 만들어야 한다고 했어. '당장'이라고 할까? 아냐, 안 돼. 생각 끝에 '1년 안에'라고 고친다. 몇 번을 쓰고 고치다가 결국 자기만의 드림 센텐스를 완성한다.

나는 1년 안에
풀타임 빅리거가 되어
날마다 최고의 플레이를 즐긴다.

딱 열 개의 어절이다. 강타의 입꼬리가 올라간다. 상상만으로도 즐거워진다. 마음속의 불안과 두려움 따위는 힘을 잃고 스러지는 느낌이다.

입 밖으로 소리 내어 읊조려 본다.

"나는 1년 안에 풀타임 빅리거가 되어 날마다 최고의 플레이를 즐긴다."

몸속 깊은 곳에서부터 짜릿한 흥분이 올라오는 기분이 든다. 배트를 한번 힘껏 휘두르고 드림 센텐스를 읊조린다. 스윙 연습을 하면서 중간, 중간에 드림 센텐스를 외우는 게 도움이 될 것 같다.

"나는 1년 안에 풀타임 빅리거가 되어 날마다 최고의 플레이를 즐긴다!"

강타가 주먹을 쥐며 입술을 꽉 깨문다.

"우리 아이 괜찮은 거예요? 네? 제발 말 좀 해 주세요."

미혜가 서툰 영어로 더듬더듬 울부짖듯이 말한다. 아이가 구급차에 실린다. 한눈에 봐도 아이의 상태가 심각하다는 것을 알 수 있다. 아마도 고글 렌즈가 깨지면서 각막에 손상을 입혔거나 눈 주위의 근육을 찢은 듯하다.

아이는 산소호흡기를 낀 채 다친 눈을 보호하기 위해 임시 처치한 거즈를 오른쪽 눈에 대고 있다. 잠시 의식을 잃기도 했지만 다행히 구급차에 탄 이후 바로 의식을 회복했다.

"맥박과 혈압, 모두 정상이에요. 너무 염려하지 마세요. 유리 조각은 제거했습니다. 가장 중요한 것은 안구의 상태인데 병원에 도착해서 정밀 검사를 받아 보셔야 할 거예요. 상처의 깊이가 얼마나 되는지 정확히 알아야 하니까요."

안경을 낀 흑인 구급대원이 말한다.

구급차가 사이렌을 울리며 피닉스 시내를 가로질러 5번가에 있는 세인트존스종합병원 응급실 주차장에 아이를 내려놓는다. 아이를 인계받은 두 간호사가 느릿느릿 침대를 밀고 응급실로 향한다.

껌을 씹고 있는 히스패닉계 남자 간호사와 거대한 몸집의 흑인 여자 간호사가 농담을 주거니 받거니 하며 세상에 급할 것 하나 없다는 표정으로 침대를 옮기는 모습을 보는 미혜의 가슴이 찢어질 듯 아프다.

응급실의 상황은 최악이다. 피닉스의 응급 환자들은 모조리 이 병원으로 몰린 게 아닐까 싶을 정도로 환자들로 넘친다. 필승이는 빈자리가 없다는 이유로 응급실 입구 로비에 2시간째 방치되고 있다. 코치는 병원에 도착하자마자 휴대전화로 무슨 연락을 받았는지 급한 일이 있다며 도망치듯 가 버렸다. 간호사들은 미혜의 어눌한 영어를 비웃는 듯 아무리 요청을 해도 흘끗 쳐다보기만 하고 차례를 기다리라는 말만 되풀이한다. 화가 치민다.

"엄마, 아파! 눈이 많이 아파요."

필승이가 통증을 느끼기 시작하는 모양이다. 지나가는 의료진 누구라도 멱살을 붙잡고 물어보고 싶은 심정이다. 대체 언제쯤 이 아이를 봐줄 건가요? 왜 이렇게 버려두냐고요!

병원비가 얼마나 나올까 생각하니 덜컥 겁이 난다. 1년 전 연승이를 낳고 나서 후유증으로 산부인과에서 간단한 수술을 받고 일주일 입원했더니 2만 달러나 청구되었다. 다행히 남편의 마이너리그 팀에서 의료 보험을 들어 주어서 3,000달러 정도만 내면 되었지만, 그나마 지금은 수중에 그 정도 돈도 없다. 남편에게 전화를 걸까 하다가 이내 마음을 고쳐먹는다.

'모레까지만 참고 기다리자. 이틀만 더 버티면 15일의 콜업 기간을 끝내고 복귀할 거야. 그동안만이라도 마음 편하게 경기에 집중할 수 있도록 해 줘야지. 힘내! 혼자서 이 고비를 잘 넘겨 보자고!'

필승이의 소식을 전해 들은 한인교회 목사 부부가 한 시간 만에 찾아온다. 목사의 부인이 손을 꼭 잡고 말없이 위로하자 미혜가 참았던 눈물을 주르르 흘린다. 목사는 응급실 스테이션으로 달려가 무언가 열심히 얘기하고 있다. 작은 키에 머리가 살짝 벗겨진 백발의 동양인 노신사가 유창한 영어를 구사하며 엄한 표정으로 항의하고 있다. 표정이 딱딱하게 굳은 채 팔짱을 끼고 있는 붉은 머리 간호사의 마음을 어떻게든 움직여 보려고 애쓴다. 하지만 간호사는 어깨를 으쓱할 뿐 꿈쩍도 하지 않는다.

"이게 바로 미국 응급의료의 현실이에요. 평균 대기시간이 5시간이라니……."

"비용은 그렇게 많이 청구하면서 서비스가 이 모양이에요. 정말 기가 막히는군요."

목사 부부가 미혜의 답답한 심정을 대신해 말한다. 기다리는 것 외에는 아이를 위해 할 수 있는 게 없는 현실에 미혜는 흐르는 눈물을 주체하지 못한다.

★

"나는 1년 안에 풀타임 빅리거가 되어 날마다 최고의 플레이를 즐긴다."

강타가 라커 룸에 들어가면서 자신의 드림 센텐스를 읊조린다. 선발 라인업이 나와 있는 게시판 앞에 서서 초조한 마음으로 명단을 확인한다. 아! 오늘은 7번 타자, 중견수로구나. 출전이다. 오늘 밤에는 최소한 네 번 정도는 타석에 나갈 기회가 올 것이다.

강타는 다시 드림 센텐스를 중얼거리며 몸을 풀기 위해 그라운드 쪽 통로로 걸음을 옮긴다. 남은 기회를 헛되이 놓치지 말자. 스스로에게 다짐하면서 고개를 좌우로 돌려 목뼈를 꺾는다. 두두둑 소리가 통로에 울린다.

배팅 연습시간이다. 강타는 속으로 드림 센텐스를 계속해서 외우고 있다. 동료들이 한번씩 흘끔거리기도 하지만 자유와 개성을 존중하는 이들이니 굳이 이유를 묻지도 않는다.

에인절스타디움은 벌써 몰려든 관중들로 북적인다. 어제는 에인절스가 지구 선두인 텍사스 레인저스를 0.5게임차로 따라붙었다. 그런데 오늘 낮 경기에서 레인저스가 뉴욕 양키스에게 무려 2대 16으로 대패를 당하는 바람에 오늘 밤 디트로이트와의 경기에서 에인절스가 이기면 선두를 탈환할 절호의 기회를 잡게 된다. 그래서 흥분한 팬들이 스타디움으로 몰려든 것이다.

경기는 그야말로 난타전으로 이어진다. 양 팀 선발 투수들이 초반부터 약속이나 한 듯이 동시에 무너져 내린다. 볼넷을 남발하고, 툭 맞은 공을 행운의 안타로 내준다. 주자가 있는 상황에서는 주자를 깨끗이 불러들이는 대형 안타를 줄줄이 허락한다. 강타도 이 분위기에 취해서 왠지 일을 낼 것만 같은 느낌에 흥분한다.

활발한 경기 덕분에 7회까지 벌써 네 번이나 타석에 올랐다. 볼넷 두 개, 1루수와 베이스 사이를 총알같이 꿰뚫는 라인 드라이브를 날려서 2루타를 만들어 냈다. 주루 코치의 만류가 없었다면 강타는 3루까지 내쳐 달릴 태세였다. 하지만 코치가 두 손을 들고 막아 대서 급브레이크를 밟았다.

현재 스코어 7 대 8. 한 점 뒤지고 있는 상황. 하지만 언제든 뒤집을 수 있다는 묘한 확신이 운동장과 관중석 위로 가득 퍼져 있다. 현장에 있는 사람들 모두 그걸 느낄 수 있다.

9회 말, 디트로이트는 1점 차의 리드를 지키기 위해 마무리 투수를 내세운다. 두꺼운 테의 고글을 끼고 턱수염을 5인치 넘도록 길게 기른 호세 발레리가 마운드에 올라온다. 감정을 알 수 없는 묘한 표정에 외계인처럼 불룩 나온 배를 가진 발레리가 마치 여자가 공을 던지듯 어색한 포즈의 와인드업 모션을 선보인다. 겉으로는 어설퍼 보이지만 발레리는 자신의 진가를 기록으로 보여 주는 디트로이트의 마무리 투수다.

강타가 더그아웃 끝에 서서 가랑이 사이에 배트를 넣어 닦고 있다. 타석에는 일본인 선수 로치이가 들어섰다. 로치이는 짧게 끊어 치기 타법으로 커다란 볼티모어 촙을 만들어 내는 데 성공한다. 무사 주자 1루가 된다.

관중들이 야구모자를 벗어서 재봉선이 밖으로 드러나도록 뒤집은 다음에 다시 머리에 쓴다. 역전승을 바라는 팬들의 메시지가 담긴 응원이다. 6번 타자가 타석에 들어서고 강타는 천천히 대기 타석으로 들어선다. 계속 입으로 드림 센텐스를 외우고 있다.

호세 발레리가 첫 투구를 던지기 직전에 세트 포지션 상태에서 1루 주자에게 견제구를 던진다.

"나는 1년 안에 풀타임 빅리거가 되어 날마다 최고의 플레이를 즐긴다."

대기 타석에서 조용히 드림 센텐스를 읊조리던 강타의 몸에 전류가 스치고 지나는 듯한 짜릿함이 1초 정도 흐른다. 머리칼이 곤두서는 느낌이다. 긴장을 풀기 위해 배트를 한번 더 휘휘 휘두른다. 드림 센텐스가 중심을 향해 드릴처럼 드르르 뚫고 들어가고 있다는 느낌이 들면서 가슴이 뛰기 시작한다.

발레리가 크게 흔들리고 있다. 제구가 불안정하게 흔들리며 결국 6번 타자를 볼넷으로 내보내고 만다. 무사 1루와 2루.

관중석이 용광로처럼 뜨겁게 달아오르고 있다. 강타에게 무거운 책임이 주어지는 순간이다.

⭐

"소망이 현실로 이루어지기 위해서는 중심을 건드려야 하고, 중심에 소망이 맞닿는 순간 이미 이루어졌다는 확신이 들게 되는 법이지."

닥터 홀랜드는 배트를 보물처럼 잘 감싸 자신의 가방에 넣으면서 말했다. 그리고 이것이 자기가 강타에게 줄 수 있는 마지막 선물이라고 했다.

드림 센텐스를 반복하면 어느 순간 임계점에 다다르게 되는데 바로 그때 확신의 문이 활짝 열린다고 했다. 그러나 임계점을 지나는 것 자체가 쉬운 일이 아니다. 드릴이 중심으로 뚫고 내려가는 과정에서 엄청난 장애물들을 만나게 되기 때문이란다. 그 장애물이란 부정적인 경험을 통해 스스로 학습한 부정적인 생각들이다. 이것이 바로 내면의 적이다. 드림 센텐스는 그 적들을 깨부수는 유용한 창과 검, 때로는 방패가 되는 셈이다.

강타가 타석에 들어선다. 긴장된 마음을 감추기 위해 침을 꿀꺽 삼킨다. 관중석에서 "쿠~~ 쿠~~" 하는 소리가 들려온다. 1루 더그아웃 뒤쪽의 극성팬들한테서 시작된 함성이 구장 전체에 메아리처럼 울려 퍼지기 시작한다.

강타와 발레리가 기 싸움을 시작한다. 강타가 발레리를 노려본다. 고글 속의 발레리의 눈빛이 흔들린다. 강타는 이미 싸움에서 이겼다는 확신이 든다.

'초구를 노려야 해.'

내면에서 소리가 들려온다. 초구는 밋밋하게 한가운데가 약간 높은 스플리터다. 명백한 실투다. 공에 회전이 들어가지 않은 채 힘 빠진 직구처럼 날아온다.

"딱!"

강타가 풀스윙을 한다. 까만 밤하늘에 새하얀 공이 높이 떠오른다. 발레리는 평범한 플라이볼이라 생각한 듯 오른손을 하늘 높이 치켜들며 누군가에게 처리해 달라고 부탁하는 제스처를 취한다. 아직 노아웃 상태라 주자들은 엉거주춤 전력 질주를 하지 않고 날아가는 공을 바라보고 있다.

관중의 함성이 극에 달하고 중계 캐스터의 흥분한 목소리가 귀청을 찢을 듯 높이 올라간다. 공은 마치 무중력 상태에 떠 있는 듯, 바람에 밀려가듯 유유히 허공을 가르며 천천히 우익수 머리를 훌쩍 넘어서 높이 비행한다.

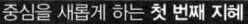

중심을 새롭게 하는 **첫 번째 지혜**

영혼의 마지막 베일
그 아래에 중심이 있다

★ 지구의 중심에 핵이 존재하고 세포의 중심에도 핵이 존재하 듯 만물에는 중심이 있다.

★ 우리의 내면 가장 깊은 곳에 중심이 존재한다.

★ 중심에는 상상을 초월하는 강렬한 에너지가 응축되어 있다. 중심의 위력을 깨닫고 중심을 잘 관리하는 것이 행복하고 성공적인 삶을 이루는 비결이다.

★ 중심에는 우리의 소망을 현실로 이루어 주는 능력이 내재되어 있다.

Game 03 소중한 약속

더 이상 이렇게 살고 싶지는 않다.
더 이상 돈 문제로 전전긍긍하며 살고 싶지 않고
필승이의 눈이 깨끗하게 고쳐져서 마음껏 뛰어노는 모습을
보고 싶고 아버지와 내가 그토록 꿈꿨던 메이저리그에서
최고의 플레이를 펼쳐 보이고 싶다.
그렇다. 이것이 바로 내가 진정으로 원하는 삶이다

Game #3

필승이의
오른쪽 눈

세인트존스종합병원 B19 병동 23층 입원실.

창밖의 키 큰 나무들이 여름 햇살에 반짝반짝 빛을 내고 있다. 종달새와 참새들이 지저귀는 소리가 요란하다.

아이는 곤히 잠자고 있다. 연승이는 같은 교회에 다니는 친구 집에 맡겼다. 미혜는 탈진 상태로 보조 침대에 누워 있다. 기억하고 싶지도 않은 끔찍한 하루였다.

응급실에서 무려 여섯 시간을 보내고 나서야 겨우 처치를 받을 수 있었다. 밤 11시가 거의 다 돼서 안과 전문의의 긴급 수술을 받았다. 뭐, 긴급 수술이라고? 웃기고 있어, 정말! 미혜가 보기에 그것은 도저히 긴급 처치라고 할 수가 없다. 태평해도 유분수지. 어떻게,

어떻게 아픈 아이를 그렇게 내버려 둘 수가 있어. 할 수만 있다면 이 병원 응급실에 있는 모든 작자를 다 고소해 버리고 싶은 심정이다. 새벽 2시에 겨우 수술을 마치고 일반 병실로 옮겼다. 아이는 약에 취해, 피곤함에 취해 깊은 잠에 빠졌다.

수술을 마친 의사가 말했다.

"깨진 유리 조각이 아이의 오른쪽 눈에 튀어 들어갔습니다. 출혈이 심했던 것은 안구 근육에 연결된 혈관이 많이 파열됐기 때문이었습니다. 그건 그리 중요하지 않습니다만 안타깝게도 각막이 심각하게 손상되었더군요. 3mm 외상 한 군데와 2mm 내외의 작은 외상이 두 군데 있었어요. 상처가 난 세 군데 모두 각막 상피층을 뚫고 들어가 버려서 보우만 층과 각막 실질 세포까지 모두 손상됐습니다."

미혜는 너무 긴장한데다가 또 알 수 없는 통증이 갑자기 몰려온 탓에 의사가 하는 말을 도무지 알아들을 수가 없었다.

피곤한 몸을 침대에서 일으키는데 병실 바깥에서 웅성웅성하는 소리가 들리더니 한 무리의 의사들이 병실로 들어온다. 회진 시간이 된 것이다. 마침 반가운 얼굴이 함께 들어온다. 목사 부부가 때맞추어 나타났다.

"들어오면서 주치의를 만났어요. 이를 어째, 힘들어서 어떡해요."

목사의 부인이 미혜의 손을 덥석 잡으며 눈물짓는다. 필승이는 머리에 붕대를 친친 감은 채 링거를 맞으며 잠들어 있다. 코와 입 모양을 보니 평화롭게 새근새근 잘 자고 있다.

목사로부터 아이의 상처가 치명적이라는 소식을 들었다. 각막이 손상되어 시력을 잃게 될 거라는 말을 듣자 미혜는 멍해져서 아무 말도 할 수가 없다. 그저 허공을 바라본다.

옆 침대의 아이를 살핀 주치의가 스태프들과 함께 필승이를 살피러 온다. 목사가 아이의 보호자처럼 일어나서 인사한다. 미혜는 아직도 멍한 상태다. 살짝만 건드려도 그대로 쓰러질 것 같은 분위기다.

필승이의 병력을 잘 알고 있는 목사가 주치의와 대화를 주고받는다.

"아이에게 지병이 있었더군요. R.P(망막색소변성증). 알고 계셨나요?"

목사가 침울한 표정으로 고개를 끄덕인다.

"네, 잘 알고 있죠. 이 아이가 네 살 되던 해, 아무래도 시력이 좋지 않아 보여서 정밀 검사를 받은 적이 있습니다. 온 교인이 합심해서 필승이의 시력 회복을 위해 여러 차례 기도하기도 했습니다."

R.P는 망막색소인 상피 세포가 망가지면서 시력을 점점 잃어가는 유전성 질환이다. 일반적으로는 10대 때부터 밤에 잘 안 보이는 야맹증이 시작되고 30대가 되면 시야가 좁아지는 것을 느끼게 되는, 증상이 뒤늦게 발견되는 질병이다.

하지만 필승이는 특이하게도 세 돌이 지나면서부터 시야가 좁아지는 증상이 나타나기 시작했다.

그나마 비교적 시력이 좋았던 오른쪽 눈을 다쳤으니 이제 시력이 거의 남아 있지 않은 왼쪽 눈 하나로 살아가야 한다. 필승이를 지켜보는 모두의 가슴에 안타까움이 밀려온다.

주치의가 아이를 진찰하고 나더니 차트를 보면서 말한다.

"오늘 오후쯤 깨어날 거예요. 경과가 나쁘진 않습니다. 일주일 정도 입원해야 할 것 같습니다. 각막이 아무는 걸 잘 지켜본 뒤에 퇴원 여부를 결정하도록 하죠. 물론 붕대를 풀어도 아이가 오른쪽 눈으로는 더 이상 보지 못할 것입니다. 보호자께서는 지금부터 마음의 준비를 하시는 게 좋습니다."

달게 잘 잤다. 이런 기분을 얼마 만에 느껴 보는 건지…….

구단에서 잡아 준 윌셔 가의 LA 웨스틴보나벤처호텔 25층 객실 침대에서 강타가 느긋하게 기지개를 켜며 일어난다. 얼음을 띄운 생수 한 잔을 들이키며 객실로 배달된 조간신문을 펼친다. 스포츠 섹션 1면에 환하게 웃는 자신의 얼굴이 대문짝만 하게 실렸다. 헤드라인은 이렇게 장식되어 있다.

비둘기 검객, 강타 쿠 팀을 선두로 끌어올리다.

타석에 들어서서 배트를 투수 쪽으로 잠시 겨누다가 휘휘 젓는 모습이 마치 검객처럼 보였던 모양이다. 게다가 '구'라는 성이 이들에게는 비둘기의 울음소리처럼 들리니 비둘기와 검객을 붙여서 별명을 지어 준 것이다.

강타는 흐뭇한 미소를 지으며 기사를 빠르게 읽어 내려간다. 언론은 강타가 LA를 위기에서 구해 낸 영웅인 양 찬양하고 있다. 그의 기나긴 마이너리그 여정이 특집 기사에 고스란히 실렸다.

콜업 이후 17타수 1안타로 허덕이던 강타 쿠가 침묵을 깨고 날아올랐다. 쿠는 마이너리그 통산 타율 0.322로 퓨처스 올스타 게임에 3년 연속 선발되는 등 유망주였다.

7 대 8로 뒤지던 9회 말. 주자 1루와 2루의 상황에서 워크 오프 홈런을 때려 내 스코어를 10 대 8로 뒤집었다. 이 홈런으로 강타 쿠는 에인절스타디움에 운집한 4만 5,000명의 관중들에게 최고의 기쁨을 선사했다.

한편 마이크 무시아 감독은 경기 후 가진 인터뷰에서 강타 쿠 선수의 잠재력을 크게 칭찬하면서 수비력만 보완한다면 앞으로 팀을 이끌 차세대 기대주라고 극찬했다. 이틀 후 빅리그에 복귀하는 주전 중견수와 강타 쿠 중에서 앞으로 누구를 기용하겠냐는 기자들의 질문에 감독은 어깨를 으쓱하면서 모호한 웃음으로 대답을 대신했다.

> 강타 쿠 선수는 대한민국의 대구에서 출생했으며 부인 미혜 쿠와의 사이에 아들 둘을 두고 있다.

기사에서 아내의 이름을 발견한 강타는 가방을 뒤져 휴대전화를 꺼내 든다. 그러고 보니 통화한 지 벌써 3일이나 지난 것 같다. 휴대전화가 방전된 채로 가방 속에서 뒹굴고 있었다.

충전기를 꺼내 전원에 연결하고 충전 케이블을 꽂은 채 미혜에게 전화를 건다. 신호는 가는데 전화를 안 받는다. 아마 휴대전화를 집에 두고 아이들과 산책이라도 나간 모양이다.

강타는 휴대전화를 끄고 가볍게 몸을 풀면서 배트를 쥔 타격 자세를 취해 본다. 입으로는 드림 센텐스를 중얼거리면서…….

"나는 1년 안에 풀타임 빅리거가 되어 날마다 최고의 플레이를 즐긴다."

뜨뜻한 기운이 아래에서부터 올라온다. 이 상태로만 계속 가면 바로 풀타임 빅리거가 되어 계속 경기에 출전할 수 있을 것 같은 자신감이 든다. 타율이 0.21대로 접어들었다. 오늘 경기에서 안타 한두 개만 추가하면 0.26대로 껑충 뛰어오를 수 있다. 마지막 기회를 놓쳐서는 안 된다. 절대로.

섀도 스윙을 스무 번 넘게 연습한 뒤에 욕실로 들어간다. 시원한 물줄기를 맞으면서 드림 센텐스를 중얼거린다. 그렇게 50번 정도를 외웠을까? 갑자기 마음속에 뜨거운 무언가가 꿈틀거리는 강렬한 기운을 느낀다. 쏟아지는 물줄기를 향해 얼굴을 든다. 물방울을 시원하게 맞고 나니 온몸의 세포 하나하나에 자신감이 가득 차오르는 듯한 느낌이 든다. 아, 이게 바로 확신의 단계가 아닐까?

가슴과 배에 강렬한 전류가 흐르는 듯한 기분이 계속된다. 강타는 자신도 모르게 이렇게 외치기 시작한다.

"강타는 더 이상 마이너리그 선수가 아니다!"
"강타는 빅리그를 기웃거리며 노심초사하는, 잠시 잠깐 콜업 되는 그런 선수가 아니다!"
"강타는 풀타임 메이저리거다!"
"강타는 매일 최고의 플레이를 펼치며 팬들에게 열렬한 사랑을 받는 선수다!"
"강타는 이미 빅리거가 되었고 더 이상의 기다림은 없다!"
"강타는 오늘 밤 멋진 플레이로 경기의 흐름을 휘어잡는 주인공이 될 것이다!"

과거의 아픈 상처를 물줄기에 모두 씻어 내기라도 하듯 미친 사람처럼 고래고래 소리를 질러 댄다. 그동안 동양인이기에 받아야 했던 인종 차별과 모욕감, 차가운 눈길, 텃세, 왕따……. 주마등처럼 스치고 지나가는 안 좋은 기억들을 모조리 씻어 내고 싶었다.

그렇게 소리를 지르는 동안 문득 강렬한 기쁨이 가슴속을 가득 채우며 올라온다. 거센 물줄기가 얼굴과 목과 가슴을 때리고 있다. 샤워 물인지 눈물인지 알 수 없는 뜨거운 물방울이 강타의 뺨을 타고 하염없이 흘러내린다.

점심 식사를 마친 후 다시 전화를 건다. 미혜가 진이 다 빠진 목소리로 전화를 받는다.

"여보세요?"

순간 불길한 느낌이 스친다.

"왜 그래? 당신, 무슨 일 있는 거야? 목소리가 왜 그렇게 힘이 없어?"

아내가 간밤의 경기에 대해 칭찬을 해 주리라 기대했다. 그런데 뜻밖에 힘없는 목소리를 들으니 무슨 일이라도 생긴 건 아닌지 걱정이 몰려온다. 강타는 자기도 모르게 다짜고짜 미혜를 몰아붙인다. 미혜는 하루만 더 견디자는 마음으로 이를 악물고 태연한 척 전화를 받는다. 그러나 입술이 달달 떨리면서 호흡이 가빠지기 시작한다.

"경기는 잘 되어…… 가고 있는 거지?"

"그럼, 어제는 하루에 안타를 두 개나 때렸는 걸. 그중 하나는 홈런이었지 뭐야. 하하하."

강타는 불편한 마음을 누르며 아내의 반응을 살핀다. 미혜는 남편의 어색한 웃음소리를 눈치챈다. 일부러 톤을 조금 높여서 맞장구친다.

"어머! 정말 좋은 소식이야. 자기, 잘했어, 정말! 그럼, 이제 곧 만날 수 있겠네."

"그렇긴 한데. 어쩌면 좀 더 오래 있게 될지도 몰라. 무시아 감독이 드디어 내 진가를 알아보기 시작했거든. 오늘 밤 경기에서 어떻게 하느냐에 따라 돌아갈지 더 있게 될지 답이 나올 것 같아."

미혜는 마음이 초조해지기 시작한다. 더듬거리며 말을 잇는다.

"어, 그, 그럴 수도 있겠네. 자, 잘 됐어. 오늘도 응원할게. 자, 잘해야 해! 힘내고요."

"애들은 어때? 필승이는 야구 클럽에 잘 다녀왔지?"

"……"

미혜가 말을 잇지 못한다. 강타도 아무 말 하지 않고 10여 초를 기다린다. 미혜의 가쁜 숨소리가 들려온다.

"왜 그래? 뭐야, 무슨 일 있는 거야? 도대체 당신 왜 그래?"

"그냥……. 당신이 너무 보고 싶어서 그래. 이만 끊자. 애들이 날 찾아. 오늘 경기 마무리 잘하세요. 사랑해요!"

미혜는 잠시 뜸을 들이다가 통화종료 버튼을 누른다.

강타는 허망한 표정으로 한동안 전화기를 내려다보다가 힘없이 침대에 걸터앉는다.

Game #3

마이클 조셉이 떠나요
아빠도 떠나요

오후의 햇살이 병실에 스민다. 태양이 몹시 뜨겁다.

미혜는 창가의 블라인드 각도를 조절해 아이의 얼굴에 빛이 닿지 않도록 한다. 필승이가 몸을 뒤척인다. 깨어날 모양이다. 미혜가 벌떡 일어나 물수건으로 아이의 이마에 맺힌 땀을 닦아 준다. 아이의 안색이 창백하다. 금방이라도 눈물을 터뜨릴 것 같다. 오른쪽 눈에는 특수 플라스틱으로 만들어진 툭 불거진 모양의 보호 장비를 대고 있다. 애꾸눈 선장 같은 모습이다.

"필승아, 무서운 꿈이라도 꾼 거야?"

아이가 고개를 끄덕거린다. 입술을 꽉 깨문 채 눈물을 참고 있다. 아직 상처가 아물지 않은 상태여서 눈물을 흘리면 통증이 심해질 수 있다.

"마, 마이클 조셉이 떠나요. 아빠도 떠나요. 그런데 가는 곳은 달라요."

미혜의 얼굴이 하얗게 변한다. 얘가 지금 무슨 소릴 하는 거야?

"필승아, 마이클 조셉이 누구야? 그런 이름은 들어 본 적이 없는데……. 새로 사귄 친구니? 학교 친구야 아니면 클럽 친구야?"

필승이가 울먹인다.

"마이클 조셉은 무서운 곳으로 가요. 거기가 어딘지 나도 몰라요."

순간 아이의 얼굴에 두려움이 스쳤다가 다시 안도하는 듯한 표정을 짓는다.

"괜찮아요. 우리 아빠는 좋은 곳으로 떠나요."

아이가 계속 이상한 말을 중얼거리더니 울기 시작한다. 미혜도 다시 통증에 시달린다. 오른쪽 눈물샘 주위의 근육들이 움직이자 아이가 고통스러운 듯 몸을 뒤튼다. 긴급 버튼을 눌러 간호사를 호출한다. 간호사 두 명이 뛰어 들어온다. 아이가 발작하듯 몸부림치자 간호사가 주사기로 수액 튜브에 약을 주입한다. 얼마 지나지 않아 아이가 잠에 빠져든다.

마이클 조셉이 떠나요. 아빠도 떠나요.
마이클 조셉은 무서운 곳으로 가요.
괜찮아요. 우리 아빠는 좋은 곳으로 떠나요.

미혜는 필승이의 말이 예사처럼 들리지 않는다. 아이가 울면서 말할 때 분명히 미혜도 뭔가를 느꼈다. 지금까지와는 다른 종류의 통증이었다. 심장 박동에 맞춰 바늘이 식도와 내장을 마구 찌르는 것 같은 따가움을 느꼈다.

오후 3시가 넘어서 목사 부부가 찾아왔다. 미혜는 이들에게 그동안에 있었던 일을 들려준다.

"우리 필승이가 또 다른 사인sign을 느낀 걸까요, 목사님?"

목사가 미간을 잔뜩 찌푸리며 고개를 가볍게 젓는다.

"좀 더 두고 봅시다. 이런 현상이 전에도 있었나요?"

미혜는 카트리나 사건이 일어나기 전에 있었던 놀라운 일을 털어놓는다. 당시에는 말해 봤자 아무도 믿지 않을 게 뻔했기 때문에 일부러 아무에게도 말하지 않았다. 미국에 재앙이 닥쳤다고 놀란 판국에 우리 아이가 한 달 반 전에 이미 예언했다고 말한들 누가 곧이듣겠는가?

미혜의 이야기를 들은 목사가 허허허 헛웃음만 짓는다.

"아이가 눈을 다치는 바람에 많이 놀랐나 봅니다. 좀 쉬면 나아지겠지요."

"목사님, 문제는 아이에게 그런 이상한 일이 벌어질 때마다 굉장히 아파한다는 거예요. 조금 전에도 안정제를 놔야 할 만큼 쇼크 상태에 빠졌거든요."

목사 부부는 더 이상 할 말이 없는 듯 아이의 머리에 손을 얹고 길게 기도하고 나더니 서둘러 돌아가려고 한다.

"연승이는 염려 말아요. 손 집사님이 아주 잘 돌보고 있으니까요."

목사의 눈빛이 달라졌다. 미혜와 필승이를 경계하는 분위기다. 목소리에서도 어색함이 느껴진다. 목사 부부가 나간 뒤 미혜는 가슴에 손을 얹은 채 눈을 감았다. 갑자기 누군가 급히 병실로 들어오는 기척이 있어 눈을 떠 보니 에이전트 윤 박사다.

"어머, 박사님!"

미혜가 깜짝 놀라며 자리에서 일어난다. 순간 머리가 핑 돈다. 침대 난간을 붙잡고 겨우 서 있는 미혜를 윤 박사가 안쓰럽게 쳐다본다.

"아니, 이런 일이 있으면 나한테 먼저 연락을 해 줬어야죠. 강타가 지금 펄펄 뛰고 난리가 났어요. 휴대전화도 꺼 놨다면서요. 강타가 어찌나 불같이 화를 내는지……. 필승이에게 무슨 일이 생긴 것 같다고 빨리 알아봐 달라고 해서 여기저기 수소문해서 겨우 알아냈어요."

"죄송해요. 하루만 더 있다가 연락하려고 했어요. 경기에 집중해야 하는데 우리 때문에 일을 그르칠까 봐 차마 말하지 못했어요."

미혜의 어깨가 들썩인다. 윤 박사가 두 손으로 얼굴을 비비면서 한숨을 쉰다.

"필승이가 다친 걸 알고는 지금 몹시 불안해하고 있어요. 오늘 밤 경기가 끝나는 대로 밤을 새워서라도 운전해서 온답디다."

윤 박사가 돌아간 다음, 미혜는 휴대전화를 켜고 남편에게 문자를 보낸다. 이미 배팅 연습에 들어갔을 시간이다.

아이는 괜찮으니 염려하지 말고 마지막까지 최선을 다해 줘.
부탁이야. 사랑해요.

폴더를 닫는데 아이가 뒤척인다. 목이 마른지 입술을 오므리고 물을 찾는다. 아이에게 물을 먹이고 자리에 바로 앉힌다. 필승이가 아빠의 경기를 보고 싶다고 한다. 주치의는 절대 안정을 취해야 한다고 했지만, 중계방송을 듣는 것 정도는 허락해도 좋을 것 같다.

콜업 15일째 되는 마지막 날. 그동안 남편이 뭔가 큰일을 터뜨리기는 한 모양이다. 경기 시작부터 어제의 극적인 역전승에 대한 하이라이트 장면을 몇 차례나 반복해서 보여 준다. 캐스터와 해설자는 강타를 비둘기 검객이라고 부르며 칭찬하느라 여념이 없다. 미혜는 잠시 정신이 아득해진다. 어제 아이가 수술받는 동안에 남편이 대단한 일을 해낸 걸 보니 연락을 안 하길 잘했다는 생각이 든다. 이미혜, 잘했어. 잘한 거야. 미혜는 스스로를 칭찬한다.

그런데 첫 번째 타석에서 강타는 무기력하게 삼진을 당하고 만다. 화면으로 보이는 남편의 표정이 어둡다. 필승이 걱정으로 마음이 크게 흔들린 모양이다. 0 대 3으로 지고 있다. 4회 말에 두 번째로 들어선 타석에서는 평범한 2루수 앞 땅볼로 물러난다. 얼굴은 아까보다 훨씬 더 굳어 있다. 한때 0.21까지 올랐던 타율이 다시 0.19로 떨어진다. 무시아 감독이 한숨을 길게 내쉬는 모습이 화면에 보인다.

중계를 초조하게 듣고 있던 필승이가 미혜에게 조용히 묻는다.
"우리 아빠, 야구 못하는 꼴통 선수 맞아요?"
아이의 입술이 떨린다. 잔뜩 화가 난 표정이다. 당황한 미혜가 아이를 다그친다.
"누가 그런 소릴 해? 아빠가 얼마나 훌륭한 야구 선수인데! 어제 아빠가 홈런을 쳐서 팀이 역전승을 했다는구나."
"오늘은 또 못하고 있잖아요."
"필승아, 야구 선수는 열 번 나와서 세 번 안타를 치면 최고라고 말해. 너도 그런 건 잘 알잖아. 오늘 아빠는 아직 겨우 두 번밖에 안 나오셨어. 꼭 안타를 치실 거야."
미혜는 경기 내내 남편의 모습이 화면에 보일 때마다 가슴을 졸이며 표정을 살핀다. 남편이 얼마나 초조해하고 불안해하는지 느낄 수 있다. 다 내 탓이야. 끝까지 숨겼어야 하는데. 미혜는 남편의 부진이 모두 자기 탓인 것만 같다.

7회 말, 세 번째 타석에 선 강타에게 다시 한번 절호의 기회가 찾아온다. 1점을 올려 1 대 3으로 따라붙은 상황에서 원 아웃에 주자 1루와 2루에 두고 타석에 들어선 것이다. 큰 게 하나만 터져도 동점 내지는 역전도 가능하다. 관중석은 다시 열기로 뜨겁게 달아오른다.

"쿠~~"

"쿠~~"

"쿠~~"

관중이 한목소리로 '쿠'를 연호하며 시원하게 한 방 날리라고 주문한다. 하지만 강타는 끝내 병살타로 관중의 뜨거운 열기에 찬물을 끼얹고 만다.

어느덧 "쿠~" 하는 소리가 "우~"로 바뀐다. 미혜는 아이가 야유를 듣고 상처를 받을까 봐 안절부절못한다. 필승이가 아빠의 무기력한 모습에 실망했는지 몸을 잔뜩 웅크린 채 옆으로 돌아눕는다.

"쟈니가 그랬어요. 우리 아빠가 야구도 못하는 꼴통이라고, 한국으로 돌아가 버리래요."

미혜가 아이의 뺨을 어루만지면서 힘없이 뜨고 있는 왼쪽 눈을 들여다본다. 그래서 그렇게 갑자기 기운이 빠졌던 게로구나. 그래서 그랬던 거야. 공에 맞아 이렇게 된 것 모두가 쟈니 때문이라고 생각하니 화가 치밀어 오른다. 하지만 이를 악물고 참는다.

필승이가 더듬거리며 말을 잇는다.

"엄마, 그런데 걱정하지 마세요. 아빠는 틀림없이 좋은 곳으로 떠나요."

미혜가 일부러 활짝 웃으면서 힘 있게 말한다.

"그래, 필승아. 엄마는 아빠를 믿어. 우리, 같이 아빠를 응원해 드리자. 아빠는 언젠가 틀림없이 메이저리그에서 주전으로 뛰시게 될 거야. 날마다 홈런도 치고, 멋진 안타도 날리고, 수비도 잘 하실 거야."

아이 앞에서 두 주먹을 불끈 쥐어 보인다. 캄캄해진 창밖을 내다보며 미혜가 속으로 중얼거린다.

'당신은 무슨 일이 있어도 메이저리그에 올라가야 해. 실패하면 내가 당신 가만두지 않을 거야.'

새벽 무렵 폭우가 쏟아지기 시작한다. 애리조나 사막 기후에 새벽부터 비가 쏟아지는 건 드문 일이다. 먹구름이 도시를 삼킬 듯 가까이 내려앉아 있다.

강타는 경기를 마치고 밤 11시에 출발해서 LA에서 피닉스까지의 380마일을 달렸다. 새벽 2시에 콰츠사이트 휴게소에 들러서 한 시간 정도 눈 붙인 것 외에는 내내 달렸다. 사막을 가로지르는 10번 고속도로를 타고 애너하임에서 피닉스까지 지루한 밤길을 달리고 또 달렸다. 필승이 걱정과 불투명한 미래에 대한 불안으로 속이 울렁거린다.

경기를 마치고 나온 강타에게 무시아 감독이 악수를 청하며 말했다. 그의 말이 내내 뇌리에서 떠나지 않는다.

"앞으로 유심히 지켜보겠네. 자네의 재능이 빅리그에서 반드시 꽃피우게 되는 날이 올 걸세."

유심히 지켜보겠다. 유심히……. 얼마나 더 유심히 지켜봐야 날 알아준단 말인가? 이미 6년 4개월 동안 보여 주지 않았던가. 지난 15일 동안 기회는 충분히 있었다. 역량을 충분히 보여 주지 못했다는 변명은 있을 수 없다.

강타는 아이 걱정, 자신의 미래 걱정 모두를 떨쳐 버리기 위해 드림 센텐스를 되뇐다.

멀리 피닉스의 다운타운 마천루가 모습을 드러내기 시작한다. 낮게 내려앉은 구름 사이로 번개가 번뜩이고 쿠르릉 쾅쾅 천둥소리가 울린다. 내비게이션이 세인트존스종합병원까지 2마일 남았다고 알린다. 강타는 내비게이션 한 쪽 구석의 시계를 쳐다본다. 새벽 5시 45분이다. 모두가 잠들어 있을 시간이다.

와이퍼가 초고속으로 전면 유리를 닦고 있지만 쏟아지는 빗줄기가 워낙 사나워 앞이 거의 보이질 않는다. 앞 차의 후미 등을 보며 조심조심 앞으로 나아간다. 졸린 눈을 비비며 하품하는 경비원에게 인사하고 병원 정문을 통과한다. 주차장에 차를 세우고 비를 흠씬 맞으며 정문을 향해 달린다.

갑자기 구급차 한 대가 비상벨을 울리며 도착한다. 차의 뒷문이 열리자 피투성이가 된 젊은 청년이 침대에 묶인 채 고래고래 소리를 지르고 있다. 그대로 응급실로 실려 들어간다. 강타는 미간을 찌푸리며 병원 로비로 들어선다.

먼저 B19 병동이 어디에 있는지 알아봐야 한다. 로비에 걸린 안내도를 살피고 서둘러 엘리베이터를 찾아 뛴다.

새벽의 병원 로비에는 전쟁의 포성이 멈춘 후에 도는 적막감 같은 것이 있다. 어둑한 실내에 보호자들 몇 명이 소파에 기대어 잠들어 있다. 밤을 새운 듯 보이는 젊은 수련의들이 비척거리며 차트를 손에 들고 걸어가는 모습도 보인다.

강타는 엘리베이터를 타고 23층을 누른다. 숨이 차다. 긴장으로 가슴이 펄떡거린다.

병실 입구에서 아이의 이름을 발견한 강타는 사람들이 깨지 않도록 조용히 문을 연다. "끼이익." 소리가 유난히 크게 들린다. 다행히 아무도 깨지 않은 것 같다.

색색 숨소리와 함께 삑삑 하는 기계음이 규칙적으로 들려온다. 6인실 병실 안은 평화롭기만 하다. 강타는 두리번거리며 미혜와 아이를 찾는다. 창가 쪽에서 아이의 이름표가 보인다. 발자국 소리가 나지 않게 조심스레 걸음을 옮겨 아이 곁으로 다가선다. 아내는 보조 침대에 몸을 웅크리고 잠들어 있다.

아이의 오른쪽 눈에는 흰색 플라스틱으로 만든 보호대가 씌워져 있다. 볼그레한 뺨이 복숭아처럼 풋풋하다. 아이는 옆으로 누운 채 잠에 빠져 있다. 눈가에서부터 소금기가 섞인 가는 줄이 뺨까지 이어져 있다. 울다가 잠든 모양이다. 품에는 LA 에인절스의 마스코트인 랠리 멍키 인형을 안고 있다.

'녀석, 얼마나 아빠가 보고 싶었으면.'

강타의 얼굴이 일그러진다. 그때, 누군가 강타의 손을 잡는다. 보조 침대에서 웅크리고 앉아서 자는 줄 알았던 미혜가 인기척을 느끼고 손을 뻗은 것이다. 손끝을 통해 아내의 서러움이 그대로 전해진다.

웅크린 미혜의 곁에 강타가 쪼그리고 앉는다. 100kg이 넘는 체구에 보디빌더처럼 우람한 체격이다. 키는 크지 않지만 목, 가슴, 어깨가 상당히 다부지다. 그에 반해서 미혜는 마치 연약한 한 마리 사슴처럼 가냘프다. 두 사람의 긴장된 숨소리가 병실에 낮게 깔린다.

강타가 말없이 고개를 돌려 미혜의 입술을 찾는다. 촉촉한 미혜의 입술이 가늘게 떨린다. 아내의 손을 꼭 잡은 강타가 귓가에 대고 속삭인다.

"고생했어. 미안해. 그리고 사랑해."

미혜는 강타의 가슴에 얼굴을 묻고 아무 말 없이 흐느낀다. 한참을 그렇게 말없이 마음을 나누던 두 사람을 깨운 것은 휴대전화의 진동음이었다. 두 사람은 깜짝 놀라 자리에 바로 앉아 얼굴을 마주 보며 웃는다.

"누굴까? 이 시간에?"

강타가 고개를 갸우뚱하며 주머니를 뒤져 휴대전화를 꺼낸다. 액정 화면에 찍힌 발신자는 에이전트 윤 박사다. 강타는 전화를 받기 위해 일어나 살금살금 병실 밖으로 나간다.

아이가 휴대전화 소리 때문에 깬 모양이다. 뒤척이는 소리가 난다. 미혜가 일어나 보조 침대를 밀어 넣고 아이 곁에 다가앉는다. 필승이의 얼굴이 일그러지더니 땀을 흘린다. 불길한 생각이 스친다. 아니나 다를까, 미혜도 통증을 느끼기 시작한다. 아이가 또 꿈을 꾸는 모양이다. 필승이가 이상한 꿈을 꿀 때마다 탯줄로 연결된 한 몸처럼 미혜도 이상한 통증을 느낀다. 아이가 깨면 또 한바탕 소동이 벌어질 것이다. 이상한 꿈을 꾸고 나면 언제나 우는데, 다친 눈에 눈물이 솟으면 또 아파서 자지러지게 울고 그러다가 쇼크 상태에 빠지곤 한다. 수술 이후에 하루도 안 빼고 새벽마다 이상한 꿈을 꾸고 있다.

미혜는 남편에게 이 사실을 알려야겠다고 마음먹는다. 문가에 서서 흘끗 내다본다. 남편은 아직도 통화 중인 모양이다. 멀리서 통화하는 소리가 들린다. 무슨 일인지 언성이 높아진다. 격앙된 듯 남편의 목소리가 날카롭게 들린다.

미혜가 고개를 갸웃거린다. 바늘이 찌르듯 통증이 배를 급습하자 미혜가 구토라도 할 듯이 아이의 침대에 얼굴을 묻는다.

얼마가 지났을까. 인기척이 느껴져 고개를 드니 남편이 곁에 서 있다. 얼굴이 상기된 것이 화가 머리끝까지 났을 때의 모습이다. 병실의 다른 아이들이 깨지 않도록 최대한 목소리를 낮춰서 말한다.

"몰인정한 놈들. 어떻게 나한테 이럴 수가 있지?"

미혜는 남편이 왜 씩씩거리는지 도무지 짐작할 수가 없다. 무슨 일인지 차근차근 설명해 보라고 눈짓으로 말한다.

"조금만 더 기다려라. 자네 실력은 이미 빅리거감이다. 이렇게 질질 끌어 놓고는 이제 와서……. 도대체 어떻게 이럴 수가 있지? 배신자들, 피도 눈물도 없는 인간들."

강타는 계속 씩씩 거친 숨소리를 내며 분을 토한다.

"구단이 나를 방출하기로 결정했대. 어젯밤 12시에 나를 팔아

버렸다고 하네."

　미혜는 강타의 말이 꿈속에서 들리는 것처럼 아득하다.

　'꿈일 거야. 꿈을 꾸고 있는 걸 거야. 인생이 왜 이렇게 잔인해. 이건 분명 그냥 악몽일 거야.'

Game #3

버림 받은
비둘기 검객

"CT 촬영, 뇌파 측정 등 별별 검사를 다 해 봤어요."

미혜가 말한다. 퇴원 수속을 마치고 집으로 돌아왔다. 일주일 만에 다시 만난 연승이는 엄마를 다시는 놓지 않겠다는 듯 껌 딱지처럼 달라붙는다. 돌이 지난 아이는 제법 묵직하다. 가냘픈 몸으로 아이를 부둥켜안고 있는 모습이 안쓰러워 강타가 연승이를 안으려 해도 아이가 막무가내로 엄마 품을 파고든다.

"별 이상은 없대?"

"응, 뇌파가 약간 불안정하지만 그 나이의 아이들에게 전혀 문제 될 게 없는 정도래요."

"그런데 새벽마다 이상한 꿈을 꾸고, 그때마다 당신은 통증에 시달린단 말이지?"

"아침에 잠에서 깨면 죽어라 울어 대고, 눈이 아파서 또 뒹굴고 까무러치면 안정제를 놔 주곤 했어요. 주치의가 그러는데, 아이가 갑자기 사고를 당하고 수술까지 해서 정신적인 외상을 입었을지도 모른대요. 우선 집에서 안정을 취해 보라고 하더군요."

"이상한 얘기를 한다면서."

"안정제에서 깨어나면 입술을 달싹거리면서 말해요. 엊그제는 당신이 떠날 거라고 말하더군요. 정말 필승이의 말대로 됐네요. 대체 마이클 조셉이 누구인지 모르겠지만 마이클 조셉은 무서운 곳으로 가고, 당신은 좋은 곳으로 간다고 하던걸요."

강타가 씁쓸한 미소를 짓는다.

'마이너리그에서 마이너리그로 팔려 가는 신세가 뭐가 좋다고. 그래도 아빠가 좋은 곳으로 간다고 위로해 주고 싶었던 거니?'

혹시라도 스포츠 채널에서 자신의 트레이드 소식이 나올까 해서 강타가 TV를 켠다. 팟 하고 화면이 켜지면서 뉴스가 흘러나온다. 스포츠뉴스 시간이 아니다. 미혜가 인터넷으로 뉴스 검색을 하는 게 낫겠다며 노트북을 꺼낸다. 모니터를 열다 말고 미혜가 TV 화면을 가리키며 목소리를 높인다.

"여보! 저것 좀 봐요."

한 손으로 TV를 가리키고 한 손으로는 입을 가린 채 화면을 뚫어져라 쳐다본다. 강타가 어리둥절한 표정으로 미혜를 쳐다보다가

TV로 눈을 돌린다.

보라색 재킷을 입은 단발머리의 여성 앵커가 놀란 듯이 눈을 치켜뜬 채 속사포처럼 뉴스를 전한다. 화면 오른쪽에는 검은 선글라스를 낀 단발머리의 희멀건 팝 스타의 얼굴이 떠 있다. 그 밑에 DEATH HOAX(사망설)라는 흰 자막이 쓰여 있다. 미혜가 CNN으로 채널을 돌린다.

세계적인 팝스타 마이클 잭슨이 지난밤 심장마비로 쓰러져 LA의 UCLA 병원으로 옮겨졌지만 심폐소생술에도 불구하고 결국 사망한 것으로 보인다는 뉴스가 흘러나오고 있다. 화면을 응시하던 미혜와 강타가 거의 동시에 마주 본다. 두 사람 모두 말을 잇지 못하고 손가락으로 화면을 가리킨다. 마이클 잭슨의 사진 밑으로 풀 네임이 쓰여 있다.

Michael Joseph Jackson
마이클 조셉 잭슨

강타는 머리를 둔기로 맞은 듯 멍해진다. 미혜도 마찬가지다.
'오, 세상에, 마이클 조셉이 마이클 잭슨이었어?'

★

아침이 밝아 온다.

칭얼대는 둘째 연승이 때문에 한밤중에 잠에서 깬 강타는 다시 잠을 이룰 수가 없다. 연 이틀 동안 제대로 쉬지 못한 탓에 얼굴이 푸석푸석하다. 손바닥으로 얼굴을 문질러 잠을 털어 낸다.

거실을 둘러보니 폭격이라도 맞은 듯 잔뜩 어질러져 있다. 답답한 마음에 현관 밖으로 나간다. 조간신문이 떨어져 있다. 신문을 집어 들고 다시 거실로 들어오니 어느새 미혜가 커피를 내리고 있다.

"고마워. 이 녀석의 힘을 빌어서라도 버텨야지."

미혜가 내미는 머그잔을 받아 든 강타가 애써 웃어 보인다. 미혜의 얼굴에도 그늘이 드리워져 있다. 강타를 안쓰럽게 쳐다본다. 이틀 동안 쉬지도 못한 남편이 다시 짐을 꾸려 오하이오 주 콜럼버스로 떠날 걸 생각하니 가슴이 먹먹해진다.

강타가 식탁 의자에 앉아 신문을 펼친다. 마이클 잭슨의 심장마비 원인을 다룬 기사들로 가득하다. 이맛살을 찌푸리며 스포츠 섹션을 펼친다. 이리저리 훑어보다가 지면 구석에 자신의 방출 기사가 1단짜리 단신으로 올라와 있는 것을 발견한다.

> LA 에인절스 구단은 트리플 A 소속의 강타 쿠를 포함한 내야수 1명, 불펜 투수 1명 등 총 3명의 신인 선수들을 클리블랜드 인디언스의 트리플 A 팀 콜럼버스 소속의 유망주 불펜 투수 존 오코넬과 인디언스 외야수 1명 등 총 2명과 맞트레이드하기로 했다.

강타가 기사를 읽으며 커피를 한 모금 넘긴다. 미혜가 다가와 말을 건다.

"며칠 전에 엘살바도르 홍 선생님이 전화했어요. 조만간 미국에 오신대요. 들러도 좋겠냐고 물어서 언제든지 오시라고 했는데……. 뵙기가 좀 어렵겠네요. 한번 통화해 봐요. 어제 윤 박사님은 뭐라고 해요?"

저녁 늦게 윤 박사가 집으로 찾아와 강타와 꽤 오랫동안 이야기를 나눴다. 연승이가 워낙 칭얼거리는 바람에 미혜는 두 사람 사이에 끼지도 못했다. 무슨 얘기를 나눴을지 몹시 궁금하다.

"콜럼버스에 도착하는 대로 홍 선배에게 연락할게. 서로 일정만 맞으면 호텔에서라도 잠깐 얼굴을 볼 수 있을지도 몰라."

다시 커피를 한 모금 넘긴 강타가 아내를 똑바로 쳐다본다.

"미혜야, 우리……."

강타가 고개를 숙이고 잠시 뜸을 들인다. 뭔가 결심한 듯 고개를 들면서 말한다.

"이제 그만 한국으로 돌아가는 건 어떨까?"

미혜가 깜짝 놀라 강타의 얼굴을 똑바로 쳐다본다. 남편의 입에서 이런 말이 나오리라고는 상상도 못했다.

"한국이요? 갑자기 왜 그런 생각을?"

이 남자, 지금 크게 흔들리고 있다. 한국에서 뛸 생각이었다면 고등학교 졸업 후 얼마든지 프로 구단에 입단해서 탄탄대로 야구 인생을 누릴 수 있었다. 하지만 미국행을 결심하고 단호히 떠났던 그가 아니었던가.

게다가 사나이가 한번 뜻을 정했으면 발걸음을 돌이켜서는 안 된다고 강타의 아버지가 유언처럼 남긴 말은 어쩌란 말인가? 강타의 아버지는 아들이 미국에 안착한 지 1년 만에 세상을 떠났다. 강타를 뒷바라지하느라 있는 고생, 없는 고생 다 하고는 결국 대장암으로 세상을 등지고 말았다.

미혜는 남편이 아버지의 마지막 소원까지도 포기할 생각을 하게 될 줄은 꿈에도 상상 못했다. 그만큼 강타는 절박한 것이다.

지루한 기다림 끝에 얻은 것이라고는 방출뿐이다. 강타의 나이, 벌써 스물아홉이다. 이젠 경제적으로도 더 이상 버티기 힘든 한계에 다다랐다. 이번에 필승이 앞으로 나온 병원비 청구서만 해도 3만 2,000달러가 넘는다. 팀에서 의료 보험으로 2만 달러를 지원해 주었지만 통장 잔고를 탈탈 털어서 병원비를 겨우 치렀다. 더 이상은 버티기 힘들겠다는 생각을 하던 차에 윤 박사가 귀에 솔깃한 이야기를 들려준 것이다.

"어젯밤에 윤 박사가 그러더군. 한국 프로구단 쪽에서 꽤 오랫동안 나를 지켜본 데가 있다고. 이렇게 된 마당에 굳이 오하이오까지 갈 게 뭐냐고. 아예 한국으로 들어가면 어떻겠냐고 묻더라고. 아무리 못해도 지금 연봉보다는 열다섯 배는 더 받을 수 있다는 거야."

미혜는 고개를 꼿꼿이 들고 강타의 눈을 똑바로 응시한다. 몹시 상기된 표정이다.

"지금 내 앞에서 그딴 식으로 약한 얘기나 늘어놓을 작정이에요? 어림도 없어요. 당신, 여기서 끝장을 봐야 하는 사람이라고요. 나나 필승이 걱정해서 그러는 거 다 알아요. 한국으로 돌아가겠다고요? 좋아요, 가려거든 당신 혼자 가요. 난 여기서 필승이 치료하면서 끝까지 버텨 볼 생각이니까요."

강타는 눈을 동그랗게 뜨고 미혜를 쳐다본다. 아무 말도 할 수가 없다. 결혼 후 아내가 이렇게 당당하게 자기주장을 펼친 적이 있었던가? 너무나 낯선 모습이다. 가냘픈 몸매에 조용한 성품을 가진 미혜는 늘 그림자처럼 말없이 강타를 뒷바라지해 왔다. 그런 미혜가 단호한 말투로 강타를 몰아붙이는 것이다.

와장창, 쨍그랑!

두 사람은 깜짝 놀라 소리가 들려온 안방으로 한걸음에 뛰어 들어간다. 필승이가 곤히 자는 모습을 보고 나왔는데 도대체 무슨 일이야! 방문을 열자 화장품 냄새가 진동한다. 침대 옆에 스탠드 전등이 박살 난 채 나동그라져 있고 유리 조각들이 흩어져 있다. 스탠드가 넘어지면서 화장대 위에 놓인 병들을 쓰러뜨린 모양이다.

　필승이가 겁에 질려 얼음처럼 서 있다. 미혜가 달려가서 아이를 안자 그때서야 울음을 터뜨린다. 살펴보니 다행히 다친 곳은 없다. 침대에서 내려오다가 중심을 잃고 그만 화장대 위의 스탠드를 건드렸다고 한다. 퇴원한 이후 필승이가 중심을 잃고 쓰러진 게 벌써 네 번째다. 강타가 필승이를 품에 꼭 끌어안는다. 큰 나무에 매달린 코알라처럼 아이가 아빠의 가슴에 찰싹 달라붙어 흐느낀다.

Game #3

필승이와
아빠의 약속

벌써 오후 3시가 지나고 있다. 1시간 안에 공항으로 출발해야 한다. 강타는 짐을 꾸리다 말고 엊그제 경기에서 썼던 모자를 물끄러미 내려다본다. 자신을 내친 팀의 유니폼 따위는 이제 필요 없다고 하면서도 손으로 살며시 쓰다듬는다. 선명한 빨간색 위에 마치 타이어를 끼운 듯한 A자 모양의 엠블럼이 수놓인 모자를 만지작거리다가 뒤집어 본다. 챙 안쪽에 드림 센텐스가 적혀 있다.

"나는 1년 안에 풀타임 빅리거가 되어 날마다 최고의 플레이를 즐긴다."

열 개의 어절로 만든 드림 센텐스. 그렇게 마음을 다해서 외우고 또 외웠건만 도대체 이루어진 것이 뭐가 있는가? 도대체 현실은 어떻게 돌아가고 있는가 말이다.

'통장 잔고는 바닥이 났고, 필승이는 야구공에 맞아 그나마 시력이 좋았던 눈마저 잃어버렸고, 나는 팀에서 방출되어 다시 마이너리그 팀을 전전해야만 한다. 도저히 벗어날 수 없을 것만 같은 이 불행의 쇠사슬을 어쩌란 말이냐. 더 이상 이렇게 살고 싶지는 않다. 비참함 속에 사는 인생과는 이제 이별하고 싶다. 더 이상 돈 문제로 전전긍긍하며 살고 싶지 않아. 필승이의 눈이 깨끗하게 고쳐져서 마음껏 뛰어노는 모습을 보고 싶고 아버지와 내가 그토록 꿈꿨던 메이저리그에서 최고의 플레이를 펼쳐 보이고 싶다. 그렇다. 이것이 바로 내가 진정으로 원하는 삶이다.'

강타는 며칠 전 샤워하면서 느꼈던 가슴 벅찬 느낌을 떠올린다. 디트로이트에 맞서 역전 홈런을 날리고 난 다음 날 아침, 강타는 드림 센텐스를 외우며 샤워를 했다. 쏟아지는 물줄기를 맞으며 가슴속 깊은 곳에서부터 뭔가 뭉클한 것이 올라오는 걸 느꼈고 온몸의 세포 하나하나가 자신감으로 가득 채워지는 것도 느꼈다. 그게 바로 말로만 듣던 확신의 순간이라고 믿었는데…….

그런데 지금 내 꼴이 이게 뭔가? 통장 잔고는 0이고, 아이는 눈을 잃었고, 마이너리그 팀에서도 쫓겨났다.

짐을 다 꾸린 강타는 인터넷에서 3개월 할부로 산 e티켓을 프린트할 준비를 한다. 피닉스공항을 떠나 시카고의 오해어공항을 경유해 콜럼버스로 가는 가장 싼 티켓이다. 노트북의 케이블을 프린

터에 연결하고 e티켓을 출력한다.

필승이가 코알라처럼 아빠 허리에 딱 달라붙어서 좀처럼 떨어지려고 하지 않는다. 이 어린것들을 떼 놓고 먼 곳에서 혼자 새롭게 시작해야 한다고 생각하니 차마 걸음이 떨어지지 않는다.

"필승아, 아빠랑 다시 만날 때까지 더 아프지 말고 싹 나아야 한다. 알았지?"

아이가 대답 대신 힘없이 고개를 끄덕인다.

"아빠. 혹시 나 때문에 떠나는 거예요? 내가 아파서?"

"무슨 소리야! 필승아, 그런 거 아니야. 아빠는 이제 더 좋은 곳으로 가는 거야. 조금만 참고 기다려. 알았지? 아빠가 빅리그에 올라가서 날마다 최고의 경기를 보여 줄 테니까. 돈도 많이 벌어서 우리 필승이의 아픈 눈도 싹 고쳐 줄게."

둘째가 큰 소리로 우는 소리가 들리자 미혜가 달려가서 등에 둘러업고 달래기 시작한다. 엄마가 자리를 비우자 필승이가 아빠에게 귀를 빌려 달라고 한다.

"아빠한테 부탁할 게 있어요."

강타가 필승이의 키에 맞춰서 자세를 낮추자 아이가 아빠 귀에 대고 속삭인다.

"아빠는 좋은 곳으로 가요. 머리에 깃털을 꽂고 야구해요. 내가 봤어요. 분명히."

머리에 깃털을 꽂는다고? 순간적으로 강타의 머릿속에 클리블랜드 인디언스의 로고가 떠오른다. 머리에 깃털을 꽂은 빨간 인디언이 활짝 웃고 있는 모습이다.

"그래, 고맙구나. 꼭 그렇게 될 거야. 그런데 우리 아들, 부탁은 뭐지?"

필승이가 고개를 숙인 채 망설이다가 말한다.

"아빠, 나를 위해 홈런을 쳐 주세요. 딱 한 번이라도 좋아요. 아빠, 내 생일 기억해요?"

전기가 오른 듯 가슴이 찡해 온다. 아이의 생일은 9월 11일이다.

"생일 선물로 홈런을 받고 싶어요. 아빠는 할 수 있어요. 아빠는 홈런을 칠 거예요. 그 사람 머리를 훌쩍 넘는 큰 홈런을요."

강타가 순간 미간을 찌푸린다.

"그 사람이라니?"

"그 사람이 아빠를 힘들게 했잖아요. 그 사람 때문에 막혔어요."

로치이가 떠오른다. 그가 우익수 자리를 절대 양보할 수 없다고 버티는 바람에 포지션이 겹쳐서 어정쩡한 상태로 있다가 결국 이 지경이 되지 않았던가. 필승이가 그걸 어떻게 알았을까? 누구에게도 내색한 적이 없다. 미혜에게도. 팀에서조차 서로 내색하지 않는 민감한 얘기다.

강타가 두 손으로 아이의 뺨을 감싸고 거즈로 가린 오른쪽 눈과 가늘게 뜨고 있는 왼쪽 눈을 번갈아 가며 쳐다본다. 입술을 꾹 다물고 아무 말도 않던 강타가 결심한 듯 말한다.

"그래, 필승아. 네 소원이 그거라면 아빠가 꼭 홈런을 칠게. 약속해."

미혜가 강타에게 잠깐 할 얘기가 있다며 부른다. 두 사람은 식탁으로 자리를 옮겨 앉는다. 미혜의 얼굴이 잔뜩 굳어 있다. 뭔가 하기 힘든 말을 꺼내려는 모양이다.

"많이 생각해 봤는데……. 아무래도 내가 결단을 내려야만 할 것 같아. 필승이를 위해서."

"결단이라니? 필승이를 위해서 무슨 결단을 한다는 거야?"

강타가 당혹스런 눈빛으로 아내를 쳐다본다. 고개를 푹 숙인 미혜는 밤새 한숨도 못 잤는지 눈 밑에 다크서클이 짙다.

"각막 기증이라는 게 있대. 주치의에게 들은 얘기야. 각막만 이식받으면 필승이가 나을 수 있대."

"당신 도대체 무슨 말을 하는 거야? 당신이 각막을 기증하겠다는 뜻이야? 그, 그럼, 당신…… 한쪽 눈으로 살겠다고? 말도 안 돼. 절대 안 돼! 연승이는 어떻게 키우려고 그래? 지금도 그렇게 통증에 시달리면서 뭘 어떻게 하겠다고. 그럴 거면 차라리 내가 하는 게 낫지."

미혜가 얼음같이 차가운 표정을 짓고 단호하게 말한다.

"난 이미 결심했어. 각막이식 대기자가 이미 5만 명이나 된대. 필승이는 20년 기다려야 한다고! 난 우리 애가 저렇게 힘들게 사는 꼴 못 봐. 엄마 아빠 얼굴도 못 보고, 자기 동생이 커 가는 것도 못 보고 살게 내버려 둘 수 없단 말이야. 차라리 내 눈을 줄래. 그래야 내가 살 수 있을 것 같아. 가족끼리 장기 이식도 하잖아."

강타가 자리를 박차고 일어난다.

"안 돼, 절대 안 돼! 절대로 그런 일은 있어선 안 돼. 다른 방법을 찾아보자. 내가 알아볼게. 내가 알아보면 되잖아. 당신, 내 동의 없이는 아무것도 할 수 없어! 섣불리 나서지 마. 내 허락 없이는 아무 일도 하면 안 돼. 알았지?"

미혜가 고개를 가로젓는다.

"당신은 메이저리그에 꼭 올라가도록 해. 필승이에게 자랑스러운 아빠가 되어 줘. 아이가 지금 당신 모습에 많이 위축된 것 같아. 절대 기죽지 마, 당신! 나랑 필승이에게 당신은 이미 메이저리그 최고의 선수니까. 아이의 눈은 내가 책임질게. 당신은 경기에 최선을 다해 줘. 그게 아이에게 책임을 다하는 길이야."

"말도 안 되는 소리 좀 하지 마. 당신이 뭘 책임진다는 거야? 그건 절대 안 돼. 해도 내가 해, 내가 한다고!"

"외팔이 야구 선수는 본 적이 있지만, 애꾸눈 선수는 본 적이 없어. 당신 마음은 잘 알아. 고마워. 당신, 좋은 아빠야. 하지만 난 당신이 우리 아들에게 영웅으로 기억됐으면 좋겠어. 당신이 있어야 할 곳은 운동장이야. 거기에서 승리하는 모습을 보여 줘. 그게 나랑 필승이가 바라는 바야."

 강타는 더 이상 아무 말도 할 수가 없다. 털썩 힘없이 자리에 앉고 만다.

 띵동~ 초인종이 울린다. 문을 열어 주기도 전에 다급하게 강타를 부른다. 에이전트 윤 박사의 목소리다. 문이 열리자마자 어서 물부터 달라고 소리친다. 상기된 얼굴의 윤 박사가 숨을 몰아쉰다.
 "이봐, 구강타. 세상에 이런 일이 있을 수 있나? 이건 기적이야, 기적! 으하하하. 자네, 빨리 비행기 티켓부터 취소해. 새로 발권해야 할 것 같아. 시간이 촉박해. 빨리 취소부터 하라고."
 자초지종 설명도 없이 다짜고짜 표부터 취소하라니, 윤 박사의 호들갑에 강타가 잠시 어리둥절한 표정으로 멍하니 서 있다.
 "자네, 콜럼버스로 갈 필요가 없게 됐어. 지금 당장 클리블랜드행 티켓을 끊으라고! 엊저녁 경기에서 인디언스의 주전 우익수가 펜스에 부딪혀서 척추를 다쳤대. 60일 DL(부상자 명단)에 올랐어. 시즌 아웃인 셈이지. 오늘 경기는 임시로 백업 외야수 중 하나를 쓴대. 그런데 이 선수가 좌익수라는군. 구단에서는 난리가 났어. 빨리 우익수를 구해 오라고 말일세. 그래서 자네를 콜업 하겠다는 거야. 지금 당장!

　최소한 이번 시즌 끝날 때까지는 보장받고 가는 거나 다름없어. 으하하하. 이렇게도 일이 풀리는구먼. 내, 언젠가 자네한테 이런 날이 올 줄 알았다니까! 빅리그에 꾸준히 출장할 기회만 있다면 큰일을 낼 인물이잖아, 자네! 암, 그렇고말고!"

　윤 박사가 말을 다 하고 나서야 물을 벌컥벌컥 들이킨다.

　그때서야 무슨 얘기인지 알아들은 강타와 미혜가 마주 보며 환하게 웃는다. 조금 전의 격렬했던 대화는 한순간에 잊은 듯하다.

　노트북을 펴고 온라인 항공예약 시스템에 접속한다. 자판을 두드리는 강타의 손가락이 떨린다. 혼잣말로 드림 센텐스를 웅얼거린다. 소파에 앉아 마그네틱 장난감으로 레고 놀이를 하고 있던 필승이가 그런 아빠를 쳐다보며 빙긋 웃는다.

중심을 새롭게 하는 두 번째 지혜

중심은 진정한 소망을
반드시 이루어 낸다

★ 피상적인 소원은 사소한 장애물에도 쉽게 포기하게 되지만 진정한 소망은 모든 장애를 돌파하고 중심에 닿을 정도로 간절하다.

★ 드림 센텐스를 반복하는 과정을 통해 피상적인 소원은 걸러지고 진정한 소망만이 중심에 닿을 수 있게 된다.

★ 중심은 마치 생명을 품고 있는 알과 같이 자신을 뚫고 들어온 소망을 잉태한다.

★ 이 과정을 확신conviction 또는 믿음faith의 단계라고 부른다. 믿음의 단계에 도달한 소망은 반드시 현실로 이루어진다.

Game #4
근본적인 이해

베이스로 찾아야 근본적인 이해 말 그대로야. 누가 가르쳐 줘지 않는 문제도 아니지만 잘 지식적으로 안다고 해도 근본적으로 이해한다고 할 수는 없지 않겠어?

단지 뭔가를 소망하고 그것이 이루어질 것이라는
확신의 단계에 이를 때까지 노력하고,
그 결과로 지고의 평화를 맛본다는
그런 메커니즘이 전부가 아니야.
더 근본적인 걸 찾아야 해. 가장 중요한 것을
찾아야 한단 말이지. 핵발전소의 힘을
이용할 생각만 할 게 아니라
그 힘의 원천이 무엇인지를 알아야 한다고.

Game #4

분명한 소망이 있는
인간의 의지

　클리블랜드 인디언스의 클럽 하우스 분위기는 LA 에인절스와는 완전히 대조적이다. 이전 팀 에인절스가 엘리트 집합소로 거만하고 느릿느릿한 풍경이라면, 이곳 인디언스는 젊고 활기차다. 게다가 서로를 이해하고 포용하는 가족 같은 분위기다.
　서로 유쾌하게 농담을 주고받는 흑인 포수 카를로스 칸타나와 지명 대타 전문 트래비스 해스너의 모습에서 오랜 친구의 정이 느껴진다. 한 마리 곰 같은 거구의 해스너가 웃음 띤 얼굴로 강타에게 인사를 건넨다. 듣기 좋은 굵은 저음의 목소리다. 양쪽 눈의 초점이 살짝 어긋나 보이는 칸타나는 요즘 급부상하고 있는 신예 선수다. 눈매가 매섭고 말수가 적지만 속이 깊어 보인다. 영국 신사를 연상시키는 젠틀한 이미지의 그래디 시즈모어가 강타에게 큰 관심을 보인다. 그는 잦은 부상으로 인해 이번에도 DL에 올라 있다. 중견수로서 우익수를 맡게 될 강타에게 잘 부탁한다며 정중하게 인사하고, 귓속말로 자기는 한국 여성을 무척 사랑하는 총각이라고 말하며 윙크한다.

왁자지껄 떠들면서 신입 선수를 환영하고 있는데 누군가가 클럽 하우스 문을 힘껏 열어젖히며 들어온다. 매니 헥토르 감독이다. 성큼성큼 걸어서 헤드 테이블에 자리를 잡고 앉는다. 개구쟁이처럼 서로 웃고 장난치던 선수들이 감독에게 경의를 표하며 가까운 자리에 편안한 자세로 앉는다. 더러는 바에 등을 기대고 서기도 한다.

감독이 강타를 앞으로 불러낸다. 환영의 뜻으로 유니폼을 직접 입혀 준다. 백넘버 17번. KOO라는 이름이 선명하게 새겨져 있다.

"누구도, 그 무엇도 분명한 소망을 가진 인간의 의지를 꺾을 수는 없다네."

헥토르 감독이 강타와 악수를 나누면서 인사한다. 뭔가 의미심장하게 들린다. 분명한 소망, 인간의 의지라……. 나중에 알고 보니 감독이 새로 영입된 선수들에게는 첫인사로 꼭 이 말을 해 준다고 한다.

인디언스는 아메리칸리그 중부 지구에서 늘 하위권에 머물던 팀이다. 지구의 다섯 팀 중에서 3년 전에는 5위, 재작년에는 4위,

작년에는 다시 5위를 기록한 만년 꼴찌. 가을의 전설이라고 불리는 포스트시즌 진출은 꿈도 못 꾸는 약체 중의 약체. 그런데 스킨헤드에 카리스마 넘치는 헥토르 감독이 지휘봉을 잡은 다음부터 변화가 시작됐다. 끈끈한 정을 바탕으로 한번 해 보자는 묘한 분위기가 형성되기 시작한 것이다.

헥토르 감독은 시시때때로 선수들에게 이런 말을 한다.

"소망이 분명해야 합니다. 우리가 일단 어떤 일을 하겠다는 결단을 하면 동시에 그것을 해낼 수 있는 방법이 제 발로 나타나게 돼 있습니다. 올해 우리의 목표는 단 하나! 포스트시즌 진출입니다!"

감독은 틈만 나면 책을 읽는 독서광이다. 야구이론서가 아닌 소설책을 즐겨 보는데 괴테의 작품만 골라 읽는 독특한 취향의 소유자다. 평소에 괴테의 작품에서 영감을 얻는다고 말하곤 한다. 감독의 책상 뒤에는 괴테의 명언이 쓰인 액자가 걸려 있다.

> 창조의 모든 행위에는 하나의 근본 원리가 있다.
> 우리가 스스로 하겠다는 결단을 내린 순간
> 하늘도 움직인다는 것이다.
> - 괴테 -

훈련 도중에 감독이 자주 하는 말이 있다.

"결단decision이 뭔지 아나? from(~로부터)의 뜻을 가진 de와 to cut(잘라 내다)의 뜻을 가진 caedere가 만나서 decision이 됐다네. 결단을 내린다는 건 이루겠다고 마음을 먹는 것 외에는 다른 가능성을 다 잘라 버린다는 뜻일세."

감독은 오랜 패배에 익숙해진 선수들의 무기력함과 썩어 빠진 정신력을 갈아엎고 싶어 했다. 목표를 분명하게 세우고 단호하게 실행에 옮겼다. 목표는 중부 지구에서 1위로 포스트시즌에 진출하는 것이다. 선수들에게 이 목표 외에 다른 가능성은 생각에서 아예 잘라 내라고 열변을 토했다. 감독의 열정과 노력이 팀을 변화시켰다. 분위기가 놀라울 정도로 빠르게 달라져 갔다. 익숙했던 패배주의도 뿌리를 드러내며 서서히 사라져 갔다.

인디언스는 현재 지구 3위를 달리고 있다. 승률이 0.511로 중간 정도의 성적을 거두고 있긴 하지만, 1위인 시카고 화이트삭스와의 게임차가 불과 2.5에 지나지 않는다. 연승의 기류만 타면 언제든지 뒤집을 수 있는 가능성이 있는 것이다.

뉴양키스타디움의 하늘은 신비로운 빛깔의 양털 구름으로 뒤덮여 있다. 아름다운 노을이 구름을 온통 황금빛으로 물들이고 있다.

오늘은 동부 지구 뉴욕 양키스와의 원정 경기가 있는 날이다. 뉴양키스타디움은 MLB 최고의 명문구단 뉴욕 양키스의 홈구장으로 2009년에 새로 개장했다. 런던의 웸블리 스타디움의 15억 7,000

만 달러에 이어 두 번째로 큰 15억 달러의 건설비가 투자된 세계 최고의 경기장이다. 스타디움의 외벽은 온통 화강암으로 장식되어 있고, 양키스의 상징인 핀 스트라이프를 응용한 디자인을 곳곳에서 볼 수 있다. 야구경기장인지 박물관인지 구분이 안 될 정도로 화려한 인테리어로 유명하다.

강타는 인디언스로 이적한 뒤로 원래 포지션인 우익수 자리에 붙박이로 출장하게 되었다. 덕분에 역량을 제대로 발휘하면서 실력을 보여 주기 시작했다.

그동안 열두 경기에 출전해서 50타수 17안타를 기록하면서 0.34대의 성적을 거두고 있다. 비둘기 검객 강타 쿠는 삽시간에 클리블랜드 지역신문에 자주 등장하고 있다. 매일 그에 대한 기사로 도배되다시피 한다. 그도 그럴 것이 강타가 팀에 합류하고 나서부터 팀이 계속 상승세를 이어 가고 있기 때문이다. 열두 번 출전해서 무려 여덟 번을 승리했으니 강타는 졸지에 팀을 승리로 이끄는 견인차로 평가받게 되었다. 팀의 승률은 0.511에서 순식간에 0.567로 급상승했다.

그러나 오늘 경기는 그리 만만치 않을 것으로 예상된다. 상대가 아메리칸리그 최고의 팀, 뉴욕 양키스이기 때문이다. 동부 지구 1위인 양키스는 2위 보스턴 레드삭스와 무려 다섯 게임차까지 벌여 놓고 단독 질주 중이다. 9승 1패의 막강한 팀이다. 게다가 오늘 경기의 선발 투수는 괴물이라 불리는 사바시아다.

⭐

　경기를 앞두고 매니 헥토르 감독이 선수들을 한자리에 불러 모은다. 강한 카리스마를 가졌으면서도 선수들을 존중하는 태도를 잃지 않는 감독이다. 감독이 진지한 눈빛으로 말하기 시작한다.

　"바실리 알렉세예프는 러시아 역도계의 떠오르는 혜성이었어요. 하지만 250kg에서 신기록 행진이 멈추고 맙니다. 체육계와 의학계는 250kg이 인간의 한계라고 선언했지요.

　그런데 어느 날 스포츠심리학자가 트레이너에게 이런 말을 합니다.

　'원반을 251kg 올리고 바실리에게는 249.5kg이라고 말하세요.'

　자, 어떻게 됐을 것 같습니까? 물론, 이런 사실을 알 턱이 없는 바실리가 251kg을 번쩍 들어 올렸지요. 바실리 본인도 믿지 못할 일이었어요. 그 후로 7년 동안 세계 신기록을 80여 차례나 경신했지요.

　'할 수 없다'는 마음의 벽을 무너뜨리고 '가능하다'는 생각으로 바꾸자 잠자고 있던 능력이 깨어난 것입니다. 99%의 사람들은 머리가 지나치게 잘 돌아가기 때문에 '상식'의 벽에 부딪힙니다. 근사한 꿈일수록 이루기 힘들다고 하지요. 왜? 과거의 자료들을 찾아보면 그렇거든요. 그래서 얼마든지 깰 수 있는 벽인데도 불구하고 쉽게 좌절하고 마는 것입니다."

감독이 잠시 선수들을 둘러본다. 두어 명이 고개를 끄덕이며 글러브를 주먹으로 팡팡 두드린다. 헥토르 감독이 주먹을 들고 소리친다.

"멘탈 비거러스Mental vigorous!"

선수들이 약속이나 한 듯이 한 목소리로 복창한다.

"멘탈 비거러스!"

강타가 깜짝 놀라 두리번거린다. 선수들이 웃는 얼굴로 서로 하이파이브를 한다. 분위기가 전에 없이 고조된다.

멘탈 비거러스란 의욕이 샘솟고 뇌 내 신경전달물질이나 호르몬의 균형에 변화가 일면서 번뜩이는 아이디어가 끊임없이 용솟음치고 직관이 날카롭게 작용하는 상태를 말한다. 이 상태에서는 미래에 대해 긍정적인 사고와 긍정적인 감정을 갖게 된다. 경기에 들어가기 전에 뇌가 승리를 먼저 경험하게 되면 승리를 확신하고 생생하게 상상할 수 있을 뿐만 아니라 실제로 기쁨을 실감하게 된다. 이런 활기차고 역동적인 심리 상태를 멘탈 비거러스라고 한다.

Game #4

근본적인 이해에 도달하려면

프리게임 미팅을 마친 강타는 뉴양키스타디움 안으로 천천히 걸어 들어간다. 배팅 연습은 20분 후에 시작될 예정이다. 가장 아끼는 배트를 들고 경기장의 잔디밭 위를 천천히 걸어 본다. 이 꿈의 구장에 서기를 얼마나 원했던가?

비록 지금은 40인 로스터에 든 마이너리거 신분으로 이곳을 밟지만 내년 시즌에는 반드시 25인 선발 로스터에 합류해 풀타임 빅리거로 최고의 플레이를 보여 주리라. 강타는 감독이 말한 멘탈 비거러스가 자신이 느꼈던 확신과 같은 것이 아닐까 하고 생각하며 드림 센텐스를 천천히 읊조린다.

"나는 1년 안에 풀타임 빅리거가 되어 날마다 최고의 플레이를 즐긴다."

　소망이 중심을 뚫고 들어가면 가슴이 설레면서 마음에 깊은 평안이 찾아오고 가진 능력을 최대로 발휘하게 되는데 이것이 바로 확신의 경험이다. 뇌의학에서는 편도핵 부위가 활성화되는 단계라고도 한다. 내면의 중심이 움직일 때 개인적으로든 집단적으로든 상상할 수 없을 정도의 폭발적인 에너지가 분출된다.

　인디언스 팀의 멘탈 비거러스 때문일까? 12연승을 달리던 사바시아가 오늘은 영 맥을 못 춘다. 1회부터 볼넷을 세 개나 남발하며 무너지기 시작한다. 결국 6회에 강판된다. 경기는 7 대 1로 인디언스의 압도적인 승리로 싱겁게 끝난다. 6번 타자로 나선 강타는 4타수 2안타에 몸에 맞는 볼 하나를 얻어 내며 이적 이후 타율을 0.352로 끌어올린다. 사바시아 대신 나온 불펜 투수한테서 오른쪽 허벅지에 한 방 맞은 자리가 알딸딸하게 아파 온다.

　클럽 하우스에서 강타가 허벅지에 얼음찜질을 하고 있다. 뒤에서 검은 그림자 하나가 다가온다. 누구지? 강타가 천천히 고개를 돌려 뒤를 쳐다본다.

　고릴라가 따로 없는 험악한 몰골의 사내가 서 있다. 헝클어진 부스스한 머리에 제멋대로 난 수염이 덥수룩하다. 이제 막 정글에서 튀어나온 사람 같다. 만약에 로빈슨 크루소가 지금 뉴욕에 나타나면 바로 이런 몰골이 아닐까.

"홍 선배!"

엘살바도르 홍이 하얀 이빨을 드러내며 씨익 웃는다.

"놀랐지?"

"할 말을 잃게 만드는군요. 조만간 전화가 한번 올 텐데 했지만 이렇게 불쑥 나타날 줄은 상상도 못했네요. 뉴욕 한복판에서 선배를 보게 될 줄이야."

강타가 얼음주머니를 내려놓고 엘살바도르 홍을 덥석 끌어안는다. 땀 냄새가 훅 코를 찌른다. 엘살바도르 홍답다.

"놀라는 모습 좀 보고 싶었어. 요즘 네 소식은 어디서나 들을 수 있더라. 한국에서는 이미 난리가 난 모양이던데. 최희섭 이후 빅리그에서 맹활약하는 최초의 필드 플레이어라고 말이야. 마침 오늘 뉴욕에서 경기가 있다고 해서 냉큼 달려왔지. 주머니 사정이 여의치 않아 경기는 못 봤지만 말이야. 음하하하."

센트럴파크 옆 맨해튼 에비뉴 19번지에 위치한 힐튼호텔에 선수단을 실은 고급 리무진 버스가 도착한 것은 밤 11시가 다 된 때였다. 뉴양키스타디움을 출발할 때 조금씩 뿌리던 빗줄기가 이제는 아주 굵은 소나기가 되어 퍼붓기 시작한다.

강타가 엘살바도르 홍과 함께 22층에 있는 자신의 숙소로 올라간다. 각자 샤워를 끝낸 두 사람은 오랜만에 회포를 풀기 시작한다. 술은 입에도 대지 않는 사람들이라 미니바에서 꺼낸 탄산수를 얼음 잔에 가득 따르고 가볍게 건배한다. 밖에서 쿵쿵거리는 소리가 들려온다. 샤워가운 차림의 강타가 창밖을 내다본다.

"선배, 저것 좀 봐요. 저 사람들 미친 거 아냐?"

창밖으로 굽어보이는 센트럴파크에는 어림잡아 3만 명 정도 되는 군중이 몰려 있다. 비가 억수같이 퍼붓는데도 아랑곳하지 않고 쿵쿵거리는 음악 속에 행사를 진행하고 있다.

"마이클 잭슨의 죽음을 애도한다고 모인 팬들이야. 그 사람, 죽어서도 슈퍼스타네."

엘살바도르 홍이 혀를 끌끌 차면서 소파에 고릴라 같은 몸집을 던진다. 워낙 넉살이 좋은 사람이라 선수단 리무진에도 함께 올라타고 왔다. 차 안에서부터 지금까지 한순간도 쉬지 않고 말을 잇는 걸 보니 영락없는 떠버리다.

엘살바도르 홍. 한국 이름 홍성진. 강타가 초등학생 때 활동했던 리틀 야구단 감독의 아들이다. 당시에 중학생이었던 성진은 리틀 야구단의 주전 투수인 강타와 캐치볼을 하면서 막역한 사이가 됐다. 성진의 아버지가 강타의 가능성을 일찌감치 알아보고 많은 정성을 쏟기도 했다. 투수와 포수로 배터리를 이뤄 성장기를 함께 보낸 두 사람은 형제나 다름없는 절친한 사이다.

엘살바도르 홍은 자신을 사기꾼이라고 부른다. 세상 모든 이들이 크건 작건 다 사기를 치며 살아간다고 거침없이 말한다. 그의 이론에 동의할 수는 없지만 언제나 투명하고 솔직한 홍 선배를 강타는 무척 좋아한다. 갸웃거리던 고개도 결국엔 끄덕이게 만드는 묘한 힘을 가졌다.

"야~ 야! 이번에도 내가 사기 엄청 치고 다녔다. 미국에 단체들이 좀 많냐. 다들 돈들이 넘쳐서 썩고 있는데, 그 많은 돈을 주체 못해서 아주 지랄을 떨어요. 그 자식들, 돈 지랄 떨면서 인생 망치느니 나한테 사기 당해서 좋은 일에 쓰면 어쨌거나 그게 훨씬 더 나은 거 아니냐? 암! 나, 사실은 덜 떨어진 인간들 구제해 주고 다니는 거라고. 인생 구제하는 셈 치고 돈을 걷어 주는 거야. 흐흐흐."

홍이 특유의 걸쭉한 입담으로 무용담을 쏟아 놓기 시작한다.

"엘살바도르 정글 얘기로 썰을 풀면서 슬라이드를 한 스무 컷만 보여 주면 다들 넘어와. 내 사기에 안 넘어갈 놈이 없지. 크하하하. 이번에 워싱턴과 뉴욕을 돌면서 8만 5,000달러나 모았단 말이지. 커커."

엘살바도르 홍은 야생 정글의 부족민들을 위한 문맹퇴치 프로그램을 운영하면서 학교와 병원을 세우는 일에 헌신하고 있다. 자신이 믿는 가치를 위해 서울대 법대 출신이라는 그럴듯한 간판도 벗어던진 사람이다. 정글에 들어간 지 얼마 되지 않아서 학교를 두 곳, 병원을 한 곳에 세우는 놀라운 추진력을 발휘하기도 했다.

"이봐, 자네도 나한테 곧 사기 좀 당할 테니 미리 마음의 각오를 단단히 해 두라고. 뭐라 카더라? 메이저리그 선수들 평균 연봉이 300만 달러라지, 아마? 헉, 1년에 30억은 넘게 버는 거 아녀! 내년에 계약 잘 되면 냉큼 수금하러 달려올 테니까 잘 준비해 둬. 으허허허."

강타가 빙그레 웃어 보인다. 홍 선배에게 사기 당할 정도로 넉넉하면 얼마나 좋을까.

"그런데 선배, 궁금한 게 하나 있어요. 선배 대학 시절에 수련회에서 기묘한 체험을 한 적 있다고 했잖아요. 우리 큰애가 지금 심상치 않아요. 6년 전쯤인가 허리케인 카트리나를 어떻게 알았는지 예언 비슷한 걸 하더니만, 이번에는 마이클 잭슨의 죽음을 예언한 것 같아요. 마이클 잭슨의 미들 네임이 조셉이란 거 혹시 선배는 알았어요? 필승이가 마이클 조셉이 무서운 곳으로 떠난다고 해서 무슨 소린가 했는데, TV 뉴스에 '마이클 조셉 잭슨 사망'이라고 나오지 뭐예요. 내가 클리블랜드 인디언스 팀에서 뛰게 될 거라는 것도 미리 알려 줬다고요."

홍이 잠시 눈을 좌우로 굴린다. 눈에 뭔가 반짝하는 빛이 스치고 지나간다. 이내 너털웃음을 터뜨리더니 우스갯소리를 늘어놓는다.

"햐, 나하고 네 아들놈하고 동업하면 끝내 주겠다! 대박 예감이야! 나는 슬라이드 보여 주면서 사기 치고, 네 아들은 콕콕 짚어서 예언하면 하루에 10만 달러 땡기는 건 문제도 아니겠는걸! 으하하하. 멋지다, 멋져! 생각만 해도 짜릿하구먼. 그런데 넌 뭐가 걱정이냐?"

강타가 헛웃음을 짓다가 만다. 금세 안색이 어두워진다. 선배, 필승이 얘기만큼은 진지하게 받아 줬으면 좋겠어.

강타가 시무룩하자 홍이 킬킬거리며 웃다가 멈춘다. 잠시 뒤 다시 입을 연다.

"강타야, 잘 들어 보거래이. 내가 엘살바도르에서 일 좀 제대로 해 보려고 몇 년 전에 미국에서 자격증을 하나 딴 게 있거든? 그게 뭔지 아나?"

강타가 고개를 젓는다.

"카이로프랙틱(척추 교정)이라는 거다. 들어는 봤나?"

"구단 물리치료실에도 카이로프랙터가 상주해요. 우리 같은 운동선수들에게 척추 건강은 정말 중요하니까요. 난 특별한 이상이 없어도 가끔씩 들러서 시술을 받곤 하는걸요. 그런데, 선배! 정글에서도 카이로프랙틱이 먹혀요?"

"크크. 정글에 처음 들어갔을 때 맘껏 일 좀 벌여 보려고 해도 그 인간들이 날 믿어 줘야 말이지. 도무지 믿을 생각을 안 해! 그렇다고 허구한 날 선물을 안길 수도 없고 말이야. 무척 고민 많이 했다, 내가.

그래서 우선 말부터 배웠지. 말이 통해야 뭘 해도 할 거 아녀? 한 1년 동안 죽어라 파니까 좀 되데. 그때부터 사람들이 보이기 시작하더라. 그 사람들한테 가장 필요한 게 뭔지 알아? 의사였어. 그런데 누가 그런 오지에 병원을 차리겠느냐고, 글쎄. 내가 의사가 될 것도 아니고. 그래서 생각해 낸 게 침술과 카이로프랙틱이었어. 그건 할 수 있겠더라고. 사기를 치려면 우선 마음부터 얻어야 할 것 아니겠냐? 침술은 한국에 있을 때 배웠고, 카이로프랙틱은 미국에 들어와 죽어라 고생해서 자격증 하나 겨우 땄네. 어휴, 그때 생각하면 지금도 어질어질하다."

홍이 몸을 부르르 떤다. 강타는 홍이 왜 갑자기 카이로프랙틱 얘기를 꺼내는지 이해가 되지 않는다. 필승이 얘기와 무슨 상관이 있담. 웬 허튼소리야. 속으로 언짢기도 하지만 별 내색 않고 조용히 얘기를 듣는다.

"침술도 좋지만 카이로프랙틱은 스킨십이 있잖아! 척추 교정을 하려면 등을 만져 줘야 하고 온몸 마사지를 하기도 하지. 그렇게 스킨십을 하고 자기네 말을 좀 하니까 사람들이 마음을 열기 시작하더라고. 그 다음부터는 모든 게 일사천리로 진행되었지. 덕분에 학교 세우고, 병원도 세우고……."

홍은 피곤이 몰려오는지 기지개를 켜면서 허리를 쭉 편다. 몸에서 우두둑 소리가 난다.

"척추가 우리 몸의 중심 아니냐? 여기 결리네, 저기 결리네 하는 사람들 눕혀 놓고 만져 보면 대부분이 척추 문제야. 척추가 휘었으니 신경통에 안 걸릴 재간이 있나. 척추로 혈관이며 신경이며 중요한 것들이 다 연결되어 있는데 말이야. 원주민들도 마찬가지더라고.

우두둑우두둑, 굽은 척추를 바르게 펴 주면 효과가 바로 나타난단 말이지. 막힌 데가 뚫리면서 금세 혈색이 좋아져. 통증도 가라앉고. 물론 한두 번 했다고 다 고쳐지는 건 아니지만 꽤 좋아지긴 하거든."

강타 자신이 경험한 내용이라 연신 고개를 끄덕인다. 홍은 더욱 신이 나는지 계속 말을 이어 간다.

"내 손을 안 거쳐 간 원주민은 거의 없을 게다. 그거 한번 시술받고 침 한번 맞으면 일단 아프고 쑤시는 게 싹 사라지니 얼마나 좋아. 그러니 이젠 조금만 아파도 나한테 달려오더란 말이지.

내가 이 얘기를 왜 하느냐? 사람들 척추를 만져 주다가 든 생각이 있어서 그래. 인생에도 척추가 있겠구나, 뭐 그런 생각이 들더라고. 눈에 보이지 않고 손에 잡히지 않아도, 내 삶을 지탱하는 척추 같은 게 있겠다. 그런데 다들 그놈의 척추가 휘어졌단 말이지. 그러니 인생이 고통스럽지 않겠어?

내 임무는 돈 많은 작자들 등쳐서 돈 없는 사람들 등 좀 펴게 도와주는 거라고!"

내내 듣기만 하던 강타가 묻는다.

"선배는 인생의 척추 얘기를 했는데, 난 최근에 인생의 중심이란 것에 대해서 많이 생각했어요. 옛날에 우리 아버지가 즐겨 외우시던 시구절이 떠오르더라고요. '모든 생각의 저 아래에는 우리의 믿음이 깔려 있다네. 마치 영혼의 마지막 베일과도 같이.' 인생의 중심이란 게 '모든 생각의 저 아래, 영혼의 마지막 베일'에 싸인 곳에 있지 않을까 하는 생각이 들었어요. 중심의 힘은 대단해요. 소망이 중심을 뚫고 들어가면 그 위력이 나타나죠."

강타가 그동안에 겪었던 일들에 대해 이야기한다. 열 개 어절로 이루어진 드림 센텐스를 반복해서 외웠던 일, 드디어 확신의 단계에 들어갔던 경험, 멘탈의 변화가 가져온 실제적인 변화들에 대해서 자세하게 설명한다.

소파에 등을 기대고 입을 헤벌쭉 벌린 채 몸을 뒤척거리며 듣던 홍이 코딱지를 후벼 아무 데나 튕긴다. 톡, 톡. 저런, 저러니 어느 누가 홍 선배에게 시집을 오려고 하겠어? 졸음에 겨운지 손바닥으로 얼굴을 박박 문지르며 입이 찢어져라 크게 하품을 한 홍이 느릿느릿 말을 꺼낸다.

"거 일리 있는 얘기네. 내가 아는 김 교수라는 분이 있는데, 그 양반 얘기 좀 해 줄까? 도움이 될지도 몰라."

홍이 말을 잇지 못하고 다시 늘어지게 하품을 한다. 강타가 사이드테이블 위에 있는 디지털시계를 쳐다보니 벌써 새벽 1시가 넘어가고 있다. 하지만 홍의 이야기를 더 듣고 싶은 강타는 표정으로 계속하라는 무언의 메시지를 보낸다.

"그 양반, 집안이 꽤 좋아요. 부인은 의사 집안의 딸이고 형님은 의과대학 교수고 처남도 의사고, 본인은 국립대학에서 철학을 가르치는 교수고. 그 정도면 빵빵하잖아.

그런데 이 양반이 건강에는 좀 유난을 떨었어. 6개월마다 꼬박꼬박 건강 검진 받고, 혹시나 암에 걸릴지 모른다고 1년에 두세 번 CT 촬영도 하고. 게다가 운동은 또 얼마나 열심히 하는지, 매일 수영을 한 시간 반씩 하고 주말마다 등산을 다녔지. 음식도 아무거나 안 먹어. 꼭 웰빙으로 골라 먹고. 각종 비타민에 영양제에 끼니마다 한 움큼씩 영양보충제를 삼키던 분이었거든. 물론 몸에 해로운 술, 담배는 입에도 안 댔지. 그 정도로 철두철미한데 어디 아플 틈이 있었겠느냐고."

다시 잠에서 깬 듯 홍이 눈을 크게 뜨고 신바람 나게 이야기한다.

"그러던 어느 날 정기 검진에서 뭐가 발견된 거야. 폐에 시커먼 부분이 있더란 말이지. 분명히 지난번 CT 촬영에서는 깨끗했는데 불과 4개월 만에 무슨 일이 벌어진 거였어. 조직 검사를 하고, 정밀 검사까지 마쳤지. 진단 결과는 폐암. 그것도 3기였어.

평소에 잘 먹고 운동 열심히 했던 게 오히려 치명적인 결과를 가져왔지. 젊고 건강 관리를 철저하게 한 사람일수록 암세포 역시 건강하게 잘 자라거든. 그것도 아주 빨리 말이야.

김 교수는 이 엄청난 사실을 도저히 받아들일 수가 없었어. 분명히 오진일 거라고, 이 병원 저 병원 다니면서 검사를 해 봤지만 결국 그가 원하는 얘기는 한 마디도 듣지 못했지. 그러는 사이에 암은 말기까지 쭉 내달렸어. 이제 완치는 물 건너갔고 생명을 조금이라도 연장시키려 노력해야 할 때가 된 거지. 모두들 끝났다고 생각했어.

김 교수에게는 갓 두 돌이 지난 예쁜 딸이 하나 있었어. 아내는 좀 미인인가? 바람 불면 날아갈 듯한 가냘픈 몸매에 얼굴은 또 얼마나 예쁜지 몰라. 사는 재미에 폭 빠져 있던 젊은 교수에게 폐암 말기라는 선고는 너무도 가혹했지. 몸보다도 정신적인 충격이 엄청났어. 두어 달 치료받다가 아예 모든 치료를 포기하고 말았지."

강타가 안타까움에 미간을 찌푸린다. 홍이 계속 이야기를 이어 간다.

"병원에서 나와서 산속으로 들어가 버렸어. 성경책 한 권, 두툼한 대학노트 몇 권, 볼펜 몇 자루, 갈아입을 속옷 몇 벌. 딱 그 정도만 챙겨 가지고 산속 깊은 곳에 있는 기도원에 들어간 거야. 거기에서 뭘 했느냐? 바로 아까 네가 말한 드림 센텐스 같은 것을 노트에 죽 적어 내려가기 시작했어.

'나는 반드시 건강한 몸을 회복하여 이 산을 당당하게 걸어서 내려간다.'

한 줄, 두 줄, 세 줄……. 정성을 들여서 천천히 한 글자씩 써 내려갔대. 어떤 때엔 딱 한 줄밖에 안 썼는데 땀이 주르르 흘렀다고 하더구먼. 노트 한 쪽을 채우는 데 꼬박 2시간이 걸리는 완전 중노동이었어.

아예 목숨 걸고 쓴 거야. 더 이상 붙잡을 게 아무것도 없으니까, 그 문장이라도 붙잡아야 했던 거지. 그렇게 해서 한 쪽, 두 쪽 늘어갔지. 하루, 이틀, 사흘…… 일주일이 흐르고 2주일이 흘렀어.

어느 날 목소리가 아예 안 나오더래. 산에서 내려와 병원에 가 보니, 암세포가 성대에까지 전이됐다는 거야. 그러니 목소리가 안 나오지. 얼마나 무서웠겠나. 얼마나 억장이 무너졌겠느냐고. 며칠 동안 아무것도 못하고 무기력하게 지낼 수밖에 없었지.

하지만 무기력과 싸워서 끝내 이겨 냈지. 다시 작정을 하고 그 문장을 노트에 적어 내려가기 시작한 거야. 한 글자, 한 글자 정성을 다해서 썼지. 그렇게 자신의 마지막 에너지를 다 쏟아서 적어 내려가길 한 달이 넘도록 했어.

그런데 어느 날 문득! 내면 깊숙한 곳에서부터 어떤 목소리가 올라오더래.

너는 다 나았다. 완전히 다 나았다.

도저히 믿기질 않았지. 컨디션은 최악인데다가 목에서는 쇳소리밖에 나지 않는 그런 상태였거든. 뭐 하나 달라진 게 아무것도 없었어. 그런데 이상한 건, 온몸에 전기가 통한 듯 전율이 흐르고 가슴이 설레면서 갑작스레 눈물이 터지더라는 거야. 그리고 다시 한번 그 소리가 들렸지.

너는 다 나았다. 완전히 다 나았다.

그 순간, 김 교수의 마음속에 평안이 밀려오더래. 호수 위에 피어오르는 물안개처럼 말이야. 그분의 표현을 빌리자면, 세상의 어떤 위험도 협박도 공포도 힘을 잃을 만큼 단단하면서도 부드러운 지고의 평화가 마음에 차오르기 시작했대.
기도원의 좁은 방바닥에 드러누워 펑펑 울고 나서야 겨우 일어날 수 있었어. 겉으로 보기에는 아무런 변화가 없었지만 그의 내면에서는 분명히 뭔가 변화가 일어났던 거지. 아까 네가 뭐라고 했지? 인생의 척추 어쩌고 할 때 말이야."
"중심이요."
"어, 그래. 중심. 그때 그 중심이란 게 툭 건드려진 모양이야. 한 일주일 정도는 아무 일이 없었대. 그런데 산책하다가 문득 노래가 부르고 싶어져서 별생각 없이 노래를 흥얼흥얼 부르기 시작했어. 노랫소리가 점점 커졌지. 에구머니나, 소리가 제대로 나네! 쇳소리가 아닌 진짜 자기 목소리로 노래를 하더라는 거야. 깜짝 놀랐지. 환청인가 하고 다시 불러 봐도 제 목소리가 맞거든. 그래서 그 길로 달려가서 사람들에게 말을 걸었대. 사람들이 이건 기적이라며 함께 기뻐하고 축하해 주니까 그때서야 자기가 정말 다 나았다는 확신이 들더라는 거야. 그래서 미련 없이 기도원에서 내려갔지.

바로 찾아간 곳이 형님이 운영하는 종합병원이었대. 검사 결과가 어땠겠어?"

강타가 기대에 찬 표정으로 눈을 크게 뜨자 홍이 웃으며 말을 잇는다.

"깨끗하게 나았다는군. 고구마 모양의 암덩어리가 흔적도 없이 사라졌다는 거야. 어때, 가슴이 뭉클해지지 않아? 아, 난 이 얘기를 할 때마다 흥분하네.

아까 네가 뭐라고 했더라. 중심의 힘은 대단하다고 했지? 소망이 중심을 뚫고 들어가면 그 위력이 나타난다고 했던가?"

"정확하게 인용하시네요."

"그래? 내가 웬일이냐? 크크. 아무튼 네 말에 난 100% 공감한다. 나 역시 정글에서 그런 경험을 수도 없이 많이 해 봤거든.

내가 왜 이 긴 이야기를 해 줬느냐. 이제 본론으로 들어가야 하는데…… 밤이 너무 깊었네."

어느새 새벽 2시 30분이 넘어가고 있다.

"그래도 시작했으면 끝을 봐야죠."

강타가 재촉한다. 아픈 필승이 생각이 나서 눈시울이 뜨거워졌다. 홍에게 들키지 않으려고 일부러 손바닥으로 마른세수를 한다. 홍이 머리를 긁더니 이야기를 계속한다.

"그 대단한 힘을 가진 중심이 요술방망이가 아니라는 사실을 알아야 해. 단지 소망을 이루기 위해 이용하는 어떤 게 아니란 말이지. 닥터 홀랜드인가 뭔가 하는 사람이 그럴듯하게 말했지만 사실 한계를 드러낸 셈이지. 그저 표면적으로 이해한 것밖에 안 돼. 중심에 대해서 제대로 알려면 피상적인 걸 뚫고 들어가는 근본적인 이해의 단계가 필요하지. 암, 그렇고말고."

홍이 몸을 앞으로 내밀면서 강타의 눈을 들여다본다. 강타의 눈동자가 흔들리고 있다.

"미안하지만 난 필승이가 무슨 예언을 했다거나 눈을 다쳐서 앞을 못 보게 될지도 모른다는 얘기는 별로 걱정이 안 돼. 왜냐면 그런 것들은 중심의 위력으로 얼마든지 극복할 수 있으니까.

그러나 문제는, 거기에서 멈추면 안 된다는 거야. 내가 보기에 넌 지금 중심의 실체에 아주 가까이 접근했어. 조금만 더 나아가면 좋겠다. 단지 이런저런 문제 해결에 급급하지 말고 보다 근본적인 이해의 단계로 들어가면 좋겠다는 뜻이야."

강타가 묻는다.

"선배가 말하는 그 '근본적인 이해의 단계'에 들어가면 우리 필승이의 문제도 해결할 수 있다는 말인가요?"

홍은 꼿꼿한 자세로 눈을 지그시 감는다.

"물론이야. 태초에 하나님이 사람을 빚을 때 영혼의 가장 깊은 곳에 '중심'이라는 핵발전소를 만들어 주신 셈이야. 비밀의 장소지. 김 교수처럼 너도 필승이의 문제를 기어이 풀어낼 수 있어. 그 중심의 위력을 잘 활용하면 말이야.

하지만! 거기서 멈추면 안 된다는 거지. 피상적인 해결은 또 다른 문제를 불러오기 마련이거든. 그래서 근본적인 이해의 단계로 들어서는 게 중요하다는 거야. 단지 뭔가를 소망하고 그것이 이루어질 것이라는 확신의 단계에 이를 때까지 노력하고, 그 결과로 지고의 평화를 맛본다는 그런 메커니즘이 전부가 아니야. 더 근본적인 걸 찾아야 해. 가장 중요한 것을 찾아야 한단 말이지. 핵발전소의 힘을 이용할 생각만 할 게 아니라 그 힘의 원천이 무엇인지를 알아야 한다고. 내가 볼 때 넌 금방 찾을 수 있을 것 같다."

"선배. 나 지금 급해요. 그런 걸 찾고 말고 할 마음의 여유가 없다고요. 시간도 없고. 선배가 알면 그냥 말해 줘요. 지금 말해 주면 안 돼요?"

"이 몸이 척추교정 시술을 많이 해 본 결과, 척추를 아무리 바로 잡아 줘도 본인이 자세를 바르게 유지하지 않으면 말짱 도루묵이 되더란 말이야. 다시 휙 휘어져 돌아온다고. 무슨 부메랑도 아니고……

그 중심이란 것도 그래. 인생의 보이지 않는 척추가 바르게 펴지지 않은 상태에서 소망이 현실로 이뤄지는 메커니즘을 반복해서 사용해 봤자 나중에는 축복이 아닌 저주가 될 가능성이 커. 피상적인 문제만 해결하면 뭐해? 하나 해결하면 또 하나 터지고 해결하면 또 다른 문제가 꼬리를 이을 텐데. 그뿐인가? 욕심은 욕심대로 커져만 가지.

다시 말하지만 그래서 근본적인 이해의 단계까지 들어가야 한다는 말씀이야. 그게 중요해."

"그래서요, 그 근본적인 이해의 단계에 어떻게 하면 들어갈 수 있는데요?"

강타가 간절한 눈빛으로 묻는다. 하지만 홍은 부드러운 미소로 침착하게 대답한다.

"네 스스로 찾아야 해. '근본적인 이해', 말 그대로야. 누가 가르쳐 줘서 알 수 있는 문제도 아니지만, 설사 지식적으로 안다고 해도 근본적으로 이해한다고 할 수는 없지 않겠어? 네 상황이 좀 어렵긴 하다만 직접 부딪쳐 가며 치열하게 고민해야 해. 그런 과정이 있어야 스스로 깨닫는 날이 와. 그때가 되면 내 말이 무슨 뜻인지 알게 될 거고."

"좋아요, 그럼 내가 그 근본적인 이해의 단계에 도달하게 되면, 필승이의 아픈 눈을 고치고 예언 같은 이상한 일도 멈추게 할 수 있을까요?"

홍이 고개를 끄덕인다.

"적어도 내 믿음으로는 그래."

Game #4

인간은 무엇에 충성하는가?

한쪽 침대에는 홍이 곯아떨어져 있다. 쏟아지던 소나기는 어느새 그치고 휘영청 밝은 보름달이 뉴욕의 마천루를 환하게 비춘다. 강타는 홍이 뿜어내는 천둥 같은 소리에 넋을 잃었다. 홍의 열정적인 에너지는 밤새 증기기관차처럼 뿜어내는 저 코골이에 그 비밀이 숨겨져 있는지도 모른다는 생각마저 든다.

강타는 침대 시트를 머리끝까지 뒤집어쓴 채 홍과의 대화를 찬찬히 곱씹어 본다.

센트럴파크에서 열린 마이클 잭슨 추모행사는 빗속에서도 계속되었다. 홍이 요란한 음악 소리가 들려오는 창 쪽으로 고개를 돌리며 말했다.

"사람들이 왜 스타를 필요로 하는지 알고 있나? 왜 영국인들은 주말마다 미친 듯이 축구장으로 몰려드는 것일까? 왜 미국인들은 퇴근만 하면 TV 앞에 둘러앉아 프로 야구에 빠져드는 걸까?

너의 표현을 빌리자면, 중심이 채워지지 않아서 느끼는 허전함 때문일 거야. 우리 중심은 블랙홀과도 같아서 끊임없이 뭔가를 끌어들이게 마련이지. 그런데 오늘을 사는 우리에게 인생을 걸만큼 매력적인 게 딱히 뭐가 있겠나? 쳇바퀴 돌듯 돌고 도는 반복적인 일상에 갑갑함을 느끼고 지친 사람들이 저런 스타나 운동 경기에 감정을 이입하며 대리 만족을 하는 거라고."

입이 찢어져라 크게 하품을 하고 난 홍의 눈가에 눈물이 고인다. 홍이 벌떡 일어나 냉장고에서 코카콜라 캔을 꺼내 딸깍 따고는 벌컥벌컥 들이킨다. 눈을 반쯤 감은 채 말을 잇는다.

"60년대에 하버드대학의 개혁을 주도했던 내이턴 푸쉬 총장이 이런 말을 했지.

> 오늘날 젊은이들에게는 네 가지가 반드시 필요하다.
> 마음껏 흔들 수 있는 깃발,
> 목 놓아 부를 수 있는 노래,
> 철저히 믿을 수 있는 신조,
> 목숨을 걸고 따를 수 있는 지도자.

사람들이 스타, 야구, 축구, 드라마, 도박에 빠져드는 이유는 중심을 시원하게 해 줄 생수와 같은 깃발이나 노래나 신조나 지도자를 가지지 못했기 때문이라는 거야. 그래서 결말이 빤하다는 걸 알면서도 이 콜라처럼 벌컥벌컥 들이키는 거지. 사실 이게 갈증을 해소해 주진 않잖아. 잠시 속일 뿐이지."

홍이 콜라를 탁자 위에 탁 내려놓고 창밖의 달을 가리킨다.

"모든 만물에는 중심이 존재한다는 거 알고 있지. 저 달은 지구를 중심으로 공전하고 있어. 지구의 중심에는 핵이 있고! 지구가 거대한 자석이라는 건 자네도 알 거야. 지구 위에 사는 우리 인생의 중심에도 자석이 하나 놓여 있는 모양이야. 우리 삶을 지탱해 줄 뭔가를 계속 잡아당기거든. 그것도 아주 강력하게.

그런데 그거 알아? 인간이란 중심에 채워진 그 무엇, 그 대상을 경배하는 존재라는 사실 말이야. 재미있지 않나?"

강타는 이불을 뒤집어쓴 채 눈을 감고 홍이 쏟아 낸 이야기를 떠올리며 곰곰이 생각에 빠진다. 그의 말속에 '근본적인 이해'의 단계에 들어갈 수 있는 단서가 숨어 있을지도 모른다는 생각에 뭣 하나 소홀히 할 수가 없다. 필승이와 아내 미혜를 위해서라도 꼭 답을 찾고 싶다. 졸음을 참아 가며 필사적으로 정신을 집중한다.

홍이 호텔 메모지에 뭔가 끼적였다.

자기가 쓴 걸 들여다보더니 다시 뭔가 덧붙여 썼다.

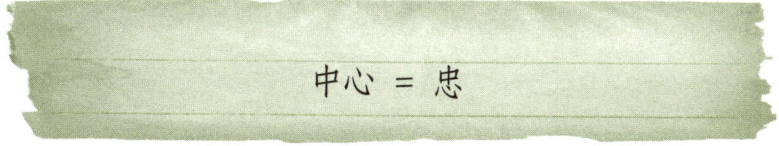

그러고는 강타에게 자신이 쓴 메모지를 건넸다.

"가운데 중(中), 마음 심(心), 중심(中心). 가로로 읽으면 중심인데, 세로로 놓고 읽으면 뭐가 되나? 충성 충(忠)이 되잖아. 인간은 자신의 중심에 놓인 것에 충성을 다하는 존재라는 사실을 잊지 말게. 마치 지구가 태양을 중심으로 공전하고, 달이 지구를 중심으로 공전하듯 우리는 자신의 중심에 놓인 그것을 축으로 맴돌며 충성을 바치는 존재란 말이지."

지금 강타는 몹시 혼란스럽다. 소망이 중심에 닿으면 이룰 수 있다는 희망이 있었다. 마치 마법의 통로를 발견한 기분이었다.

그런데 그 중심에 충성을 바치는 존재가 바로 나라니……. 정신이 아득해지는 것 같다. 막연한 두려움이 몰려든다.

지금쯤 애리조나는 밤 12시를 지났을 것이다. 아이를 위해 자신의 한쪽 눈을 내놓겠다고 야무지게 말하던 미혜의 얼굴이 떠오른다. 나는 대체 아이에게 뭘 해 줄 수 있을까. 자신이 한없이 무기력하게 느껴진다.

인생의 보이지 않는 척추가 온전히 펴지는 순간을 꼭 경험해야겠다고 다짐한다. 홍이 말한 '근본적인 이해'라는 게 도대체 뭔지 알아야겠다고 생각한다. 알아내서 꼭 그 단계에 들어가고야 말겠어. 그래야 내 아이에게 뭐든 줄 수 있을 것 같아. 아이가 점점 잃어 가는 빛을 찾아 주는 일이 강타 자신에게 달려 있다는 생각을 한다. 강한 책임감이 강타의 움츠린 어깨를 다시 펴게 만든다. 그래, 내가 찾아야 해. 이게 바로 내가 할 일이야.

미혜는 컴퓨터를 켜고 화면 아래의 시계를 확인한다. 아이들을 재우고 나서 집안을 대충 치우고 샤워하고 나오니 벌써 자정이 넘었다.

가볍게 하품을 한 후에 인터넷 창을 연다. 눈이 따끔거려 몇 번을 깜빡인다. 눈이 벌겋게 충혈되어 있다. 검색창에 '각막 기증'이라고 입력한다. 순식간에 자료들이 주르륵 뜬다.

각막 이식

각막은 눈동자의 표면을 덮고 있는 투명한 막을 가리킨다. 이것은 외부로부터 눈을 보호할 뿐 아니라, 빛을 눈 안으로 받아들여 사물을 볼 수 있게 해 주는 창문과 같은 역할을 한다. 각막에 기능적이거나 구조적으로 회복 불가능한 손상이 생기게 되면, 각막이 붓거나 혼탁해져 시력에 문제가 생긴다. 이와 같이 손상된 각막을 다른 사람에게서 기증 받은 깨끗한 각막으로 바꾸어 주는 수술이 각막 이식이다. 각막 중앙부 또는 전체를 관추(管錐)로 절취하여 사망 직후에 적출한 안구의 투명한 각막에서 절취한 같은 크기의 조각을 끼워서 고정시키면 시력을 회복할 수 있다.

　　미혜가 씁쓸한 표정으로 자료들을 읽어 내려간다. 각막을 기증하는 절차에 대해 알아보기 위해 자료들을 훑어본다. '안구은행'이란 키워드를 발견한다. 졸린 눈을 비비며 커피를 한 모금 마신다. 머리가 조금 맑아지는 것 같다.

안구은행

각막은행이라고도 하며 1944년 미국에서 각막 이식을 연구하던 의사들이 모여 설립한 것이 시초. 각막 이상에 의해 시력을 잃은 사람에게 정상적인 각막을 외과적으로 이식함으로써 시력을 회복시키기 위해, 사자(死者)의 유언에 따라 안구를 기증받고 환자에게 시술하는 등의 업무를 법적으로 인정받은 기관. 각막의 기증은 근시, 원시, 난시, 색맹 등 기증 희망자의 시력과는 관계없이 5세 이상 80세 미만이면 누구나 할 수 있지만 반드시 사후에만 가능하다. 또한 각막 적출은 늦어도 사후 24시간 이내에 해야 한다. 각막은 사후(死後) 일주일간 4℃ 온도로 보존할 수 있다.

답답함을 느낀 미혜가 주먹으로 가슴을 두드린다. 어깨의 근육이 뭉치는 듯한 아픔에 미간을 찌푸린다. 미혜는 곁에 누워 잠든 필승이를 조용히 내려다본다. 오른쪽 눈의 플라스틱 가리개는 벗었지만 상처 입은 각막 때문에 여전히 안대를 끼고 있다. 아이가 잠에서 깨면 또 무슨 예언을 할까 두려워진다. 시력을 잃은 대신 뭔가 새로운 세계를 보는 것 같다. 특히 멀리 떨어진 아빠의 일거수일투족을 환히 보고 있는 듯하다. 아까 저녁 식사 때는 불쑥 아빠가 홍 아저씨를 만나고 있다고 해서 엄마를 놀라게 하기도 했다.

아이가 잠앓이를 할 때마다 미혜도 통증을 느낀다. 그런데 요즘은 그 빈도가 높아져서 집안일을 거의 못하고 있다. 지금도 이렇게 끔찍한데 아이에게 한쪽 눈을 주고 나면 집안 살림은 어떻게 꾸려갈까 하는 걱정이 미혜를 엄습한다. 시도 때도 없이 덮치는 통증 하나만으로도 충분히 버겁다. 그것보다 미혜를 더 힘들게 하는 것이 있다. 필승이가 잠에서 깨어 예언할 때의 눈빛을 보는 것이 두렵다. 평소와는 사뭇 다른 모습이다. 뭔가에 사로잡힌 듯 소름 끼치도록 무서운 눈빛이 된다. 아, 빨리 고쳐야지 안 되겠어. 내 두 눈을 주고서라도 고칠 수만 있다면, 무슨 짓이라도 할 텐데……. 미혜는 아이를 위해서 더욱 강해지겠다고 마음먹으며 입술을 꽉 깨문다.

"로마교황청이 2005년까지 천동설을 공식적으로 지지했다는 사실을 알고 있나?"

강타는 여전히 침대에 누워 홍과의 대화를 되새기고 있다.

아니, 지구가 태양을 중심으로 돈다는 건 유치원생도 다 아는 얘기 아니던가? 홍의 엉뚱한 질문에 강타가 깜짝 놀랐다.

"네? 설마요……. 그게 사실이에요? 갈릴레이 시대 이후 지동설이 공식화된 거 아니었어요?"

"아니었어. 지난 2005년에 새로 선출된 교황 베네딕토 16세가 공식적으로 지동설을 인정하기까지 로마교황청은 2,000년이 넘도록 지구가 온 우주의 중심이라고 믿는 천동설을 지지해 왔어. 세상 참 요지경이지?"

강타는 갑자기 지동설이니 천동설이니 이해할 수 없는 말을 늘어놓는 홍의 속내가 궁금했다.

"코페르니쿠스적 발상이란 말이 있잖아. 이런 발상이 내면의 중심에도 필요한 것 같아. 말이 좀 어려운가? 그러니까…… 이런 뜻이야. 지금의 내 모습은 그동안 눈에 보이는 대로 하찮은 것들이 중심에 스며들도록 내버려 둔 탓이야. 중심에 놓여야 할 것이 무엇인지 생각하는 게 필요하다는 말이야. 인생의 척추를 바로 세우려면 어떻게 해야 할까? 발상의 전환이 있어야 비로소 근본적인 이해의 단계에 들어갈 수 있다는 말이지."

엘살바도르 홍이 기지개를 켜면서 몸을 활처럼 구부렸다 폈다 한다. 진지한 이야기를 한 게 겸연쩍었는지 손으로 머리칼을 잔뜩 헝클어뜨렸다. 익숙한 외모로 돌아왔다. 수컷 고릴라 같은 모습이다.

"으하하하. 내가 지금 무슨 헛소리를 한 거냐? 강타, 이놈. 조심해! 너한테서 돈 냄새가 폴폴 나기 시작하거든! 그래서 내가 네 놈한테 사기 치려고 연막 피우는 건지도 몰라. 캬캬캬."

홍이 침대에 벌렁 드러눕더니 숨을 길게 내쉬었다. 팔베개를 하고 누운 자세로 한쪽 다리를 꼬면서 말했다.

"힌트를 딱 한 가지만 주지. 네가 찾아야 하는 그것 말이야."

소파에 기대어 축 늘어져 있던 강타가 정신이 번쩍 든 듯 몸을 세워 꼿꼿하게 앉는다.

"사람들은 말이야. 대부분 그걸 명사noun로만 알고 있어. 착각하고 있는 거지. 사실 그 본질은 동사verb거든. 오로지 명사인 줄로만 알고 생각해서 단지 어느 순간 이걸 느끼고 깨닫기를 원할 뿐이야. 그래 가지고선 알 수가 없는데 말이야. 스스로 낮추고 희생해야만 알 수 있는 것인데 말이야. 그런 움직임이 없이는 도무지 느낄 수 없는 것이지. 그러나 한번 그 맛을 알면 다른 소망들은 하찮게 느껴지는 것이기도 해.

자, 이게 뭔지 잘 생각해 보라고! 힌트를 너무 많이 준 것 아닌가 몰라, 쩝. 쉽게 알아내면 재미없는데. 하하하."

홍의 웃음소리를 떠올리며 강타가 스르르 잠이 든다. 새벽 4시가 넘었다. 강타는 꿈속에서도 명사로 착각하기 쉬운 동사를 생각하느라 눈동자가 좌우로 바삐 움직인다.

눈을 뜨니 해가 중천에 떴다. 깜짝 놀라 시계를 본다. 벌써 아침 9시 30분을 지나고 있다. 옆 침대는 흐트러진 채 비어 있다. 엘살바도르 홍은 벌써 떠났는지 누더기처럼 다 해진 배낭이 보이지 않는다.

홍의 베개 밑에 뭔가 삐죽 튀어나와 있는 것이 보인다. 베개를 들어 보니 가죽 양장 노트다. 홍이 빠뜨리고 간 모양이다. 후훗, 털털한 선배 같으니라고. 나중에 택배나 우편으로 보내 줘야겠다고 생각한다.

> 중심을 새롭게 하는 **세 번째 지혜**

인간은 자신의 중심에 충성하는 존재다

★ 중심은 단지 우리의 소망을 이루어 주는 요술 방망이가 아니다.

★ 달이 지구를 중심으로, 지구가 태양을 중심으로 공전하듯 우리의 삶은 내면의 중심을 축으로 영위되고 있음을 알아야 한다.

★ 중심을 방치하거나 단지 욕망을 이루려는 목적으로만 이용할 경우, 자신도 모르는 사이에 세상의 지배적인 생각들이 중심을 오염시키게 되고 우리는 무의식적으로 그것에 충성을 바치게 된다.

★ 그러므로 우리 중심은 가장 완전한 것으로 채워져야 한다.

Game #5 사랑의 돌

적어도 난, 난 이렇게 살고 싶다고 한 적 없어요!
이런 삶을 원한 적이 없다고요.
절대로! 내 아이가 한쪽 눈을 잃고 그나마 남은
한 눈마저 잃을 지경인 이런 삶, 게다가 매일
잠에서 깨면 예언을 쏟아 내는 아이를 봐야 하는
이 불안한 삶을 내가 원했다고요?

Game #5

스스로
사랑의 돌이 되어

황량한 애리조나 사막의 하늘이 석양에 붉게 물들고 있다. 주방에서 저녁 설거지를 하는 미혜의 손놀림이 가볍다.

"아빠가 딱 3주 만에 집에 오시는 거죠?"

필승이가 어느새 미혜의 곁에 와 있다. 내내 시무룩했던 아이의 표정이 한결 밝아졌다.

"피닉스에서 나흘간 경기가 있으시대. 애리조나 디백스와 4연전을 펼칠 거야. 다른 선수들은 호텔에서 묵을 텐데 아빠는 집이 가까우니까 집에서 출근해도 된다고 했대."

미혜가 벽시계를 쳐다본다. 9시를 지나고 있다. 노트북으로 MLB 닷컴에서 하는 중계방송을 본다. 경기가 8회 말로 접어들었다. 이제 한 시간쯤 후면 남편을 볼 수 있으리라.

막내 연승이가 이틀 전 드디어 걸음마를 뗐다. 아빠가 오는 줄 아는지 소파를 붙잡고 일어서는 연습을 한다. 꽃게처럼 옆으로 한 걸음씩 옮기더니 털썩 주저앉는다.

"으앙!"

오늘 밤은 아이의 울음소리마저 정겨운 듯 미혜의 얼굴에 미소가 번진다. 필승이가 식탁 위에 놓인 노트북 모니터에 얼굴을 바짝 들이댄다. 아빠의 경기를 보고 싶은 것이다. 가뜩이나 시력이 나쁜 왼쪽 눈이 더 나빠질까 봐 걱정이지만 아무리 말려도 필승이의 고집은 꺾을 수가 없다. 아빠의 경기가 있는 시간이면 어김없이 노트북 앞에 와 있다. 자석에 이끌린 쇳가루처럼.

캐스터의 속사포 같은 중계가 식탁 위를 작은 야구장으로 만든다.

"이제 9월로 접어들어 정규 시즌이 한 달도 채 남지 않았습니다. 인터리그 경기로 벌어지는 오늘 애리조나 다이아몬드백스와 클리블랜드 인디언스의 경기. 9회 초 디백스의 공격을 앞두고 있습니다. 각 지구 상위권 다툼이 치열합니다. 가을의 전설, 포스트시즌에 진출하기 위해서 말이죠."

연륜이 느껴지는 목소리의 해설자가 캐스터의 말을 받아 설명한다.

"인디언스가 요즘 재미를 보고 있죠. 만년 꼴찌의 불명예를 떨치고 지구 2위까지 치고 올라온 상황입니다. 선두인 시카고 화이트삭스를 반 게임차로 바짝 추격하고 있어요."

"방금 새로운 소식이 들어왔습니다. 화이트삭스가 뉴욕 메츠에게 패했다는군요."

"허허, 점점 더 재미있어지네요. 지구의 선두인 애리조나 디백스는 2위인 샌프란시스코 자이언츠와 한 게임차인데요. 자이언츠가 맹렬히 추격 중이거든요. 양 팀 모두 양보할 수 없는 상황입니다. 승부를 내야 합니다."

"경기는 0 대 1. 인디언스가 앞서고 있습니다. 오늘은 완전히 투수전입니다. 팽팽하네요. 점수가 잘 안 나오고 있습니다. 최근 혜성같이 등장한 우익수, 강타 쿠 선수의 솔로 홈런이 유일한 득점입니다. 이제 양 팀 마지막 9회의 공격과 수비를 남겨 두고 있습니다."

밤이 깊었다. 연승이는 벌써 곯아떨어진 지 오래다. 미혜와 강타, 필승이는 3주 만에 만난 가족의 정을 도란도란 나누고 있다.

"필승아, 세상에서 제일 작은 자석이 뭔지 아니?"

자석 레고로 별 모양을 만드는 재미에 푹 빠져 있는 필승이에게 강타가 묻는다. 아이가 고개를 갸우뚱거리자 강타가 머리를 쓰다듬으면서 말한다.

"아빠가 가르쳐 줄까? 세상에서 제일 작은 자석은 바로 박테리아야. 박테리아 몸속에는 아주 작은 자석이 들어 있단다. 아직까지는 박테리아가 세상에서 제일 작은 생물이라고 알려져 있으니까 당연히 그 몸속에 있는 자석이 세상에서 제일 작겠지?"

필승이가 고개를 끄덕이다가 무슨 생각이 났는지 손을 뻗어서 아빠의 목을 잡는다.

"그러면 아빠는 북극제비갈매기라는 새 알아요? 10월쯤 남극에 가면 볼 수 있대요. 북극이 너무 추워서 따뜻한 남극으로 이사 가거든요. 남극은 그때부터 여름이 시작된대요. 그런데 아빠! 나침반도 없는 북극제비갈매기가 어떻게 그 먼 거리를 잘 찾아서 날아갈까요? 아빠는 알아요?"

사과를 깎던 미혜가 끼어든다.

"글쎄? 바다 냄새를 맡고 가는 거 아닐까?"

엄마 쪽으로 몸을 돌리더니 손으로 X자를 만들며 고개를 가로젓는다. 강타도 답을 모르는지 머리를 긁적인다. 필승이가 장난기 가득한 표정을 짓는다.

"자석 때문이에요, 자석! 철새들의 뇌에 자석이 들어 있대요. 아주 작은 자석이 나침반의 역할을 해 주기 때문에 아무리 멀리 날아가도 방향을 잃지 않는 거예요."

"오호, 그래? 우리 필승이가 모르는 게 없네!"

강타가 아이의 뺨을 손바닥으로 감싸며 박치기를 한다.

"아이, 아파요! 헤헤. 그런데요, 아빠! 사람들이 얼마나 못됐는지 알아요? 철새의 머리에 자석을 매달아서 길을 잃어버리게 만들기도 했대요. 그런 실험은 왜 할까요? 나빠요!"

아이는 입을 삐죽 내밀면서 짐짓 화를 낸다.

미혜가 깎은 사과를 가지런히 접시에 담아서 탁자 위에 올려놓는다. 포크로 하나 찍어서 아이에게 건넨다.

"엄마도 재미있는 얘기 하나 해 줄까? 자석을 제일 처음 발견한 건 중국 사람들이었어. 자석에 이름을 붙였는데 뭐라고 불렀는지 알아? '사랑의 돌'이라고 불렀대. 자석이 쇠붙이를 끌어당기는 게 꼭 엄마, 아빠가 아이를 품에 안는 것처럼 보였다나 봐. 엄마가 우리 필승이를 이렇게 안아 주는 것처럼 말이야."

미혜가 필승이를 품에 안는다.

"와, 신기해요."

엄마 품에 안긴 필승이가 피곤했는지 하품을 하더니 이내 곯아떨어진다.

아이들이 모두 잠들자 강타와 미혜는 긴 입맞춤으로 오랜 그리움을 달랜다. 미혜가 강타의 품을 파고들며 속삭인다.

"정말 보고 싶었어. 사랑해요."

강타가 말없이 아내의 머리카락을 쓰다듬으며 아내가 편안하게 가슴에 얼굴을 묻을 수 있도록 자세를 고쳐 앉는다. 자기가 없는 동안 미혜가 혼자서 감당했을 묵직한 짐이 가슴에 그대로 전해진다. 자신이 스스로 사랑의 돌이 되어 아내를 끌어당기고 있다는 생각을 하니 얼굴에 흐뭇한 미소가 번진다.

아침 식탁에 구수한 된장찌개가 올라와 있다. 3주가 넘도록 한국 음식은 구경도 못했던 강타에게 구수한 된장찌개 냄새야말로 보약이 된다. 미혜는 음식 솜씨가 뛰어나다. 계란을 입힌 두부지짐, 고춧가루로 양념한 새콤한 오이무침, 맛깔스럽게 버무린 가지나물에 어디서 구해 왔는지 강타가 좋아하는 도미찜까지 준비했다. 기름기가 자르르 흐르는 흰 쌀밥을 한술 떠서 입에 넣자 온몸의 세포가 살아나는 듯하다. 3주간의 팍팍했던 호텔 생활이 먼 옛날 일인 것만 같다.

강타가 맛있게 먹는 모습을 지켜보던 미혜가 조심스럽게 얘기를 꺼낸다.

"당신이 알아야 할 일이 있어."

오이무침을 입에 넣은 강타가 우물거리다 말고 미혜를 물끄러미 쳐다본다.

"내 각막을 주고 싶다고 했잖아. 그런데 어렵게 됐어요."

강타가 젓가락을 내려놓고 아내를 똑바로 쳐다보며 묻는다. 화가 많이 난 말투다.

"당신, 기어코 알아본 거야?"

눈을 내리깐 채 미혜가 말을 잇는다.

"필승이가 눈을 잃고 답답하게 사는 모습을 보니 차라리 내 눈 하나 주는 게 낫다고 생각했어. 그게 더 마음이 편할 것 같았단 말이야."

감정을 추스르려는 듯 잠시 머뭇거리다가 다시 말하기 시작한다.

"안구은행을 찾아가긴 했어. 그런데 거기서 충격적인 얘기를 들었어요. 살아 있는 사람은 각막을 기증할 수가 없대요. 법이 그렇대요."

눈이 동그래진 강타가 묻는다. 목소리에서 안도감이 느껴진다.

"천만다행이군. 그런데 그게 정말이야? 가족끼리는 장기 이식이 되잖아. 콩팥은 두 개 중에 하나는 줘도 되는 걸로 아는데. 각막도 두 개인데 왜 안 된다는 거지?"

미혜는 입술을 부르르 떨면서 말한다.

"나도 그런 줄 알았죠. 그런데 한쪽 각막을 잃으면 나머지 한쪽마저도 시신경이 약해져서 결국은 시력을 잃게 된대요. 그래서 각막 이식은 기증자가 사망한 직후에만 시술이 된대요. 어떡해, 우리 필승이 불쌍해서."

미혜는 자신이 아이를 위해 해 줄 것이 없다는 생각에 깊은 한숨을 내쉰다.

Game #5

현재의 삶은
중심이 원한 것들

　식사를 마친 두 사람은 식탁에서 커피를 마시며 이야기를 나눈다. 강타는 닥터 홀랜드에게서 배웠던 내용들, 엘살바도르 홍과의 대화에서 느낀 것들 그리고 그동안 자신에게 벌어졌던 일들을 통해 생각한 점을 미혜에게 처음으로 털어놓는다. 미혜는 매우 민감하게 반응하며 남편의 긴 이야기를 듣는다.

　"현재의 삶은 내가 중심에서 진정으로 원한 것들의 결과물인 것 같아."

　강타의 마지막 말에 미혜가 동의할 수 없다는 듯 고개를 가로젓는다.

　"당신이 무슨 말을 하는지 알겠어요. 요컨대 우리 인생에는 중심이란 것이 존재하는데 누구나 쉽게 발견할 수 있는 게 아니다. 내면의 마지막 베일 속에 감춰진 신비로운 것으로 무슨 소망이든지 진정으로 원하는 소망인 경우, 중심에 닿을 수만 있다면 반드시 이루어진다. 맞죠?"

강타가 고개를 끄덕이자 미혜가 말을 잇는다.

"그런데 중심에 닿기까지가 결코 쉬운 일이 아니다. 내면을 겹겹이 싸고 있는 베일을 하나씩 벗겨야 하는데 그러려면 경험으로 굳어진 부정적인 자아와 싸워야 한다. 드릴로 뚫는 작업이 필요하다. 하지만 마침내 중심에 닿으면 확신을 갖게 된다."

"맞아, 확신의 단계라고 부르지."

"좋아요, 확신의 단계에 들어가면 마음에 평화가 찾아오고 소망이 마침내 이루어진다. 이거잖아요?"

"정리를 잘 했네."

"그런데 대부분, 확신의 단계에 도달하기도 전에 지레 포기해 버리고 마니까 그래서 드림 센텐스 같은 장치가 필요하다는 거고요."

강타는 자신이 뒤죽박죽 장황하게 들려준 이야기를 깔끔하게 요약해 내는 미혜의 솜씨에 속으로 감탄하면서 고개를 끄덕인다. 미혜가 굳은 표정으로 말한다.

"그래요, 조금은 알 것 같아요. 내 삶의 무엇이 문제였는지 알 것 같기도 하고, 반짝이는 아이디어도 얻을 수 있을 것 같고……."

아무튼 거기까진 좋아요. 그런데 아까 당신이 한 말에는 동의할 수 없어요. 현재의 삶이 내가 중심에서 진정으로 원한 것들의 결과물이라는 것 말이에요. 그게 말이 돼요?

적어도 난, 난 이렇게 살고 싶다고 한 적 없어요! 이런 삶을 원한 적이 없다고요. 절대로! 내 아이가 한쪽 눈을 잃고 그나마 남은 한 눈마저 잃을 지경인 이런 삶, 게다가 매일 잠에서 깨면 예언을 쏟아 내는 아이를 봐야 하는 이 불안한 삶을 내가 원했다고요? 그럴 때마다 내가 어떤 일을 겪는지 당신도 알잖아요. 혈관 속에 가시 돋친 고슴도치들이 뛰어다니는 것만 같은 지독한 통증…… 당신 모르죠? 난 이따위 삶을 원한 적이 없어요."

미혜가 울먹이다가 갑자기 앞으로 고꾸라지듯이 식탁에 엎드린다. 통증에 몸을 부르르 떤다. 놀란 강타가 벌떡 일어나 아내의 곁으로 가서 떨고 있는 어깨에 손을 얹는다. 경련이 가라앉을 때까지 기다린다. 한 1분쯤 지났을까. 미혜가 천천히 고개를 든다. 눈물범벅이다.

"필승이가 또 꿈을 꾸는 모양이야. 아침마다 애가 일어날 때가 되면 꼭 이런 통증이 몰려와요. 이러고 10분쯤 지나면 아이가 울면서 일어나. 마치 지옥을 보고 온 애처럼 끔찍하게 울어 댄다고요. 영락없어. 이제 곧 울음소리가 들릴 거예요. 놀라지 마, 당신."

과연 미혜의 말대로 10여 분쯤 지나자 아이가 잠에서 깼는지 울음소리가 들려온다. 강타가 한걸음에 침실로 달려간다. 일곱 살배기 필승이가 끔찍한 공포영화라도 본 듯 겁에 질린 표정으로 사납게 울어 댄다. 얼굴이 하얗게 질린 강타가 어쩔 줄 모르고 서 있다. 미혜가 아이를 품에 안고 달랜다. 강타는 자기가 없는 동안 미혜 혼자 매일 이런 아침을 맞았을 생각을 하니 가슴에 칼이 꽂히듯 아리다.

한 시간쯤 지나서야 아이가 울음을 그친다. 필승이가 언제 그랬냐는 듯이 해맑은 표정으로 강타의 품에 안긴다.

"아빠, 오늘은 좀 힘든 경기가 될 거예요. 하지만 걱정하지 않아도 돼요. 아빠는 이제 정말 멋진 빅리거잖아요.

그런데요, 아빠! 내 생일 기억하죠?"

아이의 생일이 코앞으로 다가왔다. 최상의 컨디션으로 아이를 위해 홈런을 날리고 싶다. 필승이는 이미 강타가 '그 사람'의 키를 훌쩍 넘어가는 홈런을 칠 것이라고 예언한 적이 있다. 그것도 인디언스로 트레이드되기 전에…….

9월 경기 스케줄을 보고는 깜짝 놀랐다. LA 에인절스와의 원정 3연전 일정이 잡혔는데, 9월 11일 필승이의 생일에 3차전을 치르게 되어 있다. 6년 4개월 동안 강타의 메이저리그 진출을 막고 있었던 팀과 '그 사람'을 만나게 된 것이다. 공교롭게도 9월 11일에 운명적인 대결을 벌이게 되었다.

저녁에 있을 경기 준비를 위해 피닉스 시내 체이스필드로 떠나야 한다. 강타의 마음이 돌덩이처럼 묵직하다. 그러나 이 어려운 상황을 극복할 수 있는 열쇠가 다른 누구도 아닌 바로 자신에게 있음을 잘 알고 있다.

운전석에 앉아 키를 꽂으면서 강타는 엘살바도르 홍의 말을 되새긴다.

대부분, 명사라고 착각하지만 본질은 동사인 것.

스스로 낮추고 희생해야만 알 수 있는 것.

한번 그 맛을 알면 다른 소망들은 하찮게 느껴지는 것.

도대체 그게 뭘까? 강타는 자신의 가정에 닥친 문제들을 푸는 열쇠가 바로 그것이라고 확신한다. 어금니를 꽉 깨물면서 차에 시동을 건다.

평소 일요일에만 잠깐씩 교회에 얼굴을 내밀던 불량 신도 미혜가 요즘 부쩍 교회에 매달리고 있다. 이렇게라도 정성을 들이면 필승이의 고통이 덜해지지 않을까 하는 기대감 때문이다. 누가 아는가? 어미의 마음을 갸륵하게 여긴 하나님이 기적을 베풀어 주실지……. 미혜는 물에 빠진 사람마냥 지푸라기라도 잡고 싶은 심정이다.

오늘 밤 한인 교회에서 특별치유집회가 있을 예정이다. 최근 미국 사회에 센세이션을 일으킨 플로리다 출신의 스코틀랜드계 강사가 온다고 한다. 꽤 유명한 과학자인데 그가 인도하는 집회에서 신비한 치유의 기적이 많이 일어난다고 했다. 교회 사람들의 표현을 빌리자면 '성령의 능력'에 힘입어 '선포'한다고 한다. 성경책을 제대로 읽어 본 적이 없는 미혜에게 '성령'이나 '능력'은 낯선 단어일 뿐이다. 그런데 과학자, 그것도 꽤 유명한 과학자가 기적을 일으킨다고 하니 왠지 믿을 만하다는 생각이 든다. 밑져야 본전이라는 생각으로 필승이를 데리고 가 보기로 했다.

필승이를 뒷좌석에 앉히고 연승이를 조수석의 베이비시트에 앉힌 다음 조심스레 차를 몰고 집을 나섰다. 일부러 서둘러서 출발했는데 웬걸, 교회 주차장이 벌써 만차다. 포기하고 이면도로 쪽을 돌아 겨우 자리를 하나 찾아내 주차시킨다. 허둥지둥 연승이를 둘러업고 필승이의 손을 쥐고 무작정 뛴다. 예배실로 들어가니 이미 1, 2층이 모두 차고 무대 위까지 사람들이 올라가 앉아 있다. 교회가 사람으로 가득 찬 광경을 처음 본 미혜는 입을 다물지 못한다. 정말 대단한 사람인가 보네. 미혜의 기대감이 더욱 커진다.

무대 앞쪽에 휠체어를 탄 열댓 명의 사람들이 손을 높이 들고 찬양하고 있다. 곳곳에서 사람들의 흐느끼는 소리가 들려오고 알아듣기 힘든 이상한 말로 기도하는 소리도 들려온다. 미혜가 미간을 찌푸린다. 이런 이상한 분위기는 대체 뭐야? 적응이 안 되네. 몹시 낯설고 불편한 자리지만 왠지 분위기에 압도되는 것 같다. 연승이를 베이비 룸에 맡긴다. 집회가 진행되는 동안 자원봉사자들이 아기를 돌봐 준다고 한다. 미혜가 필승이의 손을 붙잡고 예배실 1층으로 들어선다.

과학자 강사의 집회에서 기적이 많이 일어난다는데 강사와 가까이 있으면 있을수록 기적을 체험할 기회가 그만큼 더 많지 않을까 하는 생각에 체면이고 뭐고 없이 사람들을 헤치고 무조건 앞만 보고 나아간다. 지금 미혜의 안중에는 오직 필승이밖에 없다. 결국 무대 위쪽에 자리를 잡는다. 다행이야. 자리에 앉은 미혜가 필승이의 머리를 쓰다듬는다.

집회가 시작된다. 전자 오르간과 함께 일렉트릭 기타가 연주된다. 찬양인도자 몇 명이 무대 위로 올라온다. 피아노 반주에 맞춰 노래를 부른다. 미혜는 처음 들어 보는 노래여서 입만 벙긋거린다. 주위를 둘러보니 청중의 절반은 손을 높이 들고 도취된 표정으로 눈물을 흘리고 있다. 미혜는 자신도 저렇게 취해 봤으면 좋겠다고 생각한다. 그런데 오히려 이상하리만큼 차분해지면서 더 냉정해지는 것을 느낀다. 어쩐지 분위기에 적응하지 못하는 것 같아 불안하다. 어서 어색한 노래 시간이 끝나고 그 과학자 강사나 빨리 나와 줬으면 하고 생각한다.

미혜와 달리 필승이는 처음 들어 보는 노래를 곧잘 따라 부른다. 기분이 좋은 모양이다. 아이가 어려서 적응을 빨리 하는구나 싶지만 미혜 자신은 손에 땀까지 흘리며 안절부절못하고 있다.

실내 기온이 무척 높다. 환기가 잘 되지 않는지 비릿한 땀 냄새가 실내에 그득하다. 노래 시간은 무려 한 시간이 넘도록 진행된다. 청중 대부분이 무아지경에 빠지듯 도취되어 있다.

저녁 8시가 돼서야 강사가 등장한다. 흰색에 가까운 밝은 색 양복을 입었다. 검은 와이셔츠에 짙은 초록색 넥타이를 맨 상당히 세련된 느낌의 남자다. 키는 180cm쯤 되는 것 같고 반백의 금발 머리에 약간 튀어나온 광대뼈 위로 안경을 걸쳤다. 그을린 피부가 건강해 보인다. 얼굴에 윤기가 흐른다.

무대 위의 미혜와 필승이의 자리는 강사의 뒤편이다. 강사는 인사 중에 뒤를 돌아보며 뒤에 앉은 사람들을 배려하는 센스를 보여준다.

강사가 리모컨 버튼을 누르자 대형 스크린 위에 웅장한 폭포가 나타난다. 청중의 반응을 살핀 강사가 강의를 시작한다. 옆에 서 있는 통역자의 키가 무척 작아서 대조되는 분위기다. 그런데 통역자의 목소리가 어찌나 카랑카랑한지 분위기가 금세 고조된다.

"여러분, 나이아가라 증후군에 대해서 들어 본 적이 있으십니까?"

유명한 과학자라고 하더니 말하는 내용부터 뭔가 다르네. 미혜가 생각한다. 평소 일요일마다 들었던 설교와는 전혀 다른 느낌이다. 설교를 들을 때마다 지루해서 졸기 일쑤였는데 오늘은 정신이 말똥말똥하다. 뭔가 일어날 것만 같은 기대감까지 든다.

"소망이나 목적 없이 살아가는 사람들의 삶을 나타내는 말입니다. 인생은 강물과도 같습니다. 많은 사람들이 어디로 가 닿겠다는 구체적인 생각 없이 그냥 인생의 강물에 뛰어들어 살아가지요. 그리고 그 속에서 이런저런 사건과 사고를 만나면서 두려움에 떨기도 하고 도전하기도 합니다. 자녀가 아파서 또는 가족 중에 누군가가 암 선고를 받아서 고통 중에 처한 가정도 있습니다."

미혜는 강사가 하는 말들이 모두 자기에게 하는 말인 것만 같다. 마치 미혜의 마음을 들여다본 듯이……. 통역자의 카랑카랑한 목소리가 쩌렁쩌렁 울린다.

"강이 갈라지는 분기점이 다가오는데도 자신이 가고자 하는 곳이 어디인지, 어느 방향인지조차 모릅니다. 그저 강물에 몸을 의지하고 흘러갈 뿐입니다. 이것은 자신의 가치 체계가 아닌 사회적 환경의 지배에 따라 사는 삶이요, 그저 흘러가는 대로 사는 삶의 모습입니다. 흘러가는 대로 사는 존재는 더 이상 자신의 운명을 통제할 수 없다고 느끼게 됩니다.

그러다 갑자기 물살이 빨라지고 물결이 요동치는 순간이 오지요. 그때 소스라치게 놀라며 깨어납니다. 바로 몇 미터 앞에 나이아가라 폭포가 기다리고 있다는 사실을 깨닫지만 이미 때는 늦었습니다. 아무리 몸부림쳐도 소용이 없으니까요."

미혜는 스크린 속의 나이아가라 폭포를 쳐다본다. 굉음을 내며 쏟아지는 거대한 물기둥, 엄청난 높이로 피어오르는 물안개만 봐도 정신이 아득해지는 것 같다. 카메라가 폭포의 바로 위에서 아래를 내려 비춘다. 그 높이가 어마어마하다. 곧이어 방향을 바꾸어 폭포로 흐르는 강물을 거슬러 상류 쪽으로 올라가며 비춘다.

미혜가 멍한 표정으로 스크린을 응시한다. 충격적이다. 영락없는 자신의 모습이기 때문이다. 강사가 계속해서 말한다.

"강 상류에서 좀 더 일찍, 좀 더 나은 결단을 내렸더라면 폭포로 떨어지는 일은 없었을 것입니다. 실패에 대한 두려움이 발목을 잡은 탓에 제때에 결단을 내리지 못한 것입니다. 살면서 겪는 크고 작은 실패들이 우리를 꼼짝 못하게 묶습니다. 한 번 실패한 사람이 왜 계속해서 실패하는 줄 아십니까? 실패를 거듭 생각함으로써 더 큰 실패들을 불러들이기 때문입니다."

아침에 남편이 해 준 말이 생각난다. 그가 말했다.

"현재의 삶은 내가 중심에서 진정으로 원한 것들의 결과물인 것 같아."

미혜는 강타의 말에 분노했다. 인정할 수 없다고 했다. 그런데 과학자 강사의 이야기를 듣고 보니 혹시 그동안 자기도 모르게 중심으로부터 실패를 계속 불러들이고 있었던 건 아닌지 의심이 들기 시작한다. 실패에 대한 두려움이 오히려 실패를 불러들였던 건 아닐까? 필승이에 대한 걱정과 불길한 예감 모두 이 나이아가라 증후군이 낳은 결과인 걸까? 뚜렷한 소망 하나 없이 흐르는 물결에 몸을 맡기고 살다가 어느 순간 폭포 아래로 곤두박질치고 마는 건 아닌지 두렵다.

그러나 강사는 폭포로 떨어지지 않을 길이 있다고 역설한다. 실패로부터 얻은 부정적인 생각을 끊고 바로 이 순간 즉각 변화할 수 있다고 설득한다.

"변화에는 꽤 오랜 시간이 필요하다고들 생각합니다. 왜 그렇게 생각할까요? 이유는 간단합니다. 그동안 변화해 보려고 갖은 노력을 다해 봤지만 잘 안 됐기 때문입니다. 그래서 시간이라는 변수를 생각해 낸 것이지요. 시간이 넉넉하게 주어진다면 변화할 수 있을 것이라는 가정을 세우게 됩니다. 그러나 사실은 그렇지 않거든요. 시간의 양이 문제가 아니라 실은 어떻게 변화해야 하는지 모르기 때문에 변화가 일어나지 않는 것입니다."

미혜의 귀가 반짝 뜨인다. 시간이 가면 해결되지 않을까 하고 막연하게 생각해 왔는데 물벼락을 맞은 듯 정신이 번쩍 든다. 그렇다. 지금 이 상황에서 어떻게 해야 할지 도무지 모르고 있는 건 바로 미혜 자신이다. 단지 아는 것은 단 하나, 아이와 자신이 곧 폭포 아래로 떨어지기 직전이라는 것이다.

강사가 목소리 톤을 한껏 높여서 소리친다.

"변화를 원하지 않는 사람은 숙명이 있다고 믿고, 변화를 원하는 사람은 기회가 있다고 믿습니다. 여러분은 과연 어느 쪽입니까? 지금 내가 끌어안고 있는 문제가 진정으로 변화되기를 원하십니까? 여러분의 마음 깊은 곳에 낫기를 원하는 마음이 있으신가요?

그동안 아무리 노력해도 잘 안 되었으니 이번에도 아무 변화가 없을 거야, 이 문제는 내 숙명인걸……. 이렇게 체념하고 있는 건 아닙니까?"

강사의 손짓에 오르간 연주자가 조용한 음악을 연주하기 시작한다. 드디어 치유의 시간이 시작되는 모양이다. 사람들이 진지한 표정으로 눈을 감는다. 미혜도 눈을 감고 과연 자신이 지금 이 순간 문제에서 해방되기를 진정으로 원하고 있는지 스스로에게 묻는다. 가슴이 뛴다. 미혜 자신과 필승이에게 뭔가 변화가 일어날 것만 같은 생각에 가슴이 벅차오른다.

한동안 침묵이 흐른다. 강사는 아무 말 없이 눈을 감은 채 그대로 서 있다. 잠시 후 강사가 눈을 뜨더니 놀라운 선포를 하기 시작한다. 사람들의 눈과 귀가 모두 강사에게 쏠린다.

"2층 TV 모니터 아래쪽에 계신 여성분, 지금 갑상선이 치료되었습니다."

미혜는 태어나서 처음 겪는 상황이라 당황하면서도 기대감에 설렌다. 아픈 사람들을 무대 위로 불러서 아픈 부위에 손을 대거나 해서 고쳐 줄 줄 알았다. 그런데 그 많은 청중 가운데 한 사람을 지목해서 선포하다니 놀랍기만 하다.

사람들이 2층 TV 모니터가 어디에 있는지 두리번거린다. 그때 2층 왼쪽 TV 모니터 아래에서 어떤 중년 부인이 벌떡 일어나 두 손을 높이 들고 감격에 겨워 폴짝폴짝 뛰는 모습이 보인다. 우레와 같은 박수와 환호성을 터뜨리며 청중들이 흥분의 도가니에 빠진다.

강사가 다시 고개를 숙이고 잠잠하게 있더니 이내 고개를 들고 1층 오른쪽 기둥을 가리키며 말한다.

"기둥 옆에 앉은 아이의 소아마비가 다 나았습니다. 일어나 걸어서 앞으로 나와 보세요."

사람들이 숨죽이고 강사가 가리킨 쪽을 바라본다. 침묵이 흐른다. 어색한 긴장감이 10여 초 흐른다. 시선이 집중된 그곳에서 아무도 일어나는 기척이 없다. 청중들 사이로 당혹감이 일렁이는 순간, 앳된 학생이 자리에서 벌떡 일어난다. 제법 키가 커 보인다. 옆에서 한 여인이 눈물을 훔치며 일어나 아이의 손을 잡는다. 아이의 엄마인 모양이다. 박수 소리가 여기저기서 나기 시작한다.

미혜는 눈앞에서 벌어진 믿기지 않는 일에 적잖이 충격을 받는다. 필승이가 호기심 가득한 표정으로 목을 빼고 엄마의 팔을 잡고 흔든다.

"무슨 일이에요, 엄마? 진짜 나았대요?"

환호성과 함께 박수가 터져 나와 미혜의 목소리가 묻힌다. 하지만 필승이는 무슨 일이 일어났는지 짐작한다는 듯 빙그레 웃음 짓는다.

다리에 철제 보조기구를 단 아이가 로봇처럼 어색한 걸음으로 복도로 걸어 나온다. 자신감이 생긴 듯 엄마의 손을 놓고 제법 빠른 걸음으로 나오다가 멈추더니 허리를 굽혀 다리에 달린 철제 보조기구를 떼어 버린다. 아이가 보조 기구를 손에 들고 씩씩하게 걸어서 무대 위로 올라오자 강사가 아이를 안고 등을 두드려 준다. 아이의 엄마는 무대에 오르자마자 울음을 터뜨리며 그 자리에 주저앉는다. 다시 한번 떠나갈 듯이 큰 박수 소리가 터진다.

 강사가 좌중을 둘러보며 진정하라는 손짓을 보낸다.

 "지금 이 시간, 이곳에 치유의 영이 운행하고 계십니다. 간절히 낫기를 원하는 사람들을 만져 주실 것입니다. 낫기를 결단하십시오. 결단이란 다른 가능성들을 모조리 잘라 버리는 것입니다. 낫는 것 외에는 어떤 가능성이라도 다 잘라 버리세요. 준비가 되신 분은 자신의 아픈 부위에 손을 얹고 치유의 영이 만져 주시기를 기다리십시오. 재정의 문제와 관계의 아픔을 갖고 오신 분들도 가슴에 손을 얹고 치유해 주시길 기다리세요."

 조명이 어두워지고 신비로운 음악이 흐른다. 여기저기서 흐느끼는 소리가 들려오고 울부짖는 소리도 들려온다. 울면서 간절히 기도하는 사람들이 늘어 간다. 미혜는 어떻게 해야 할지 몰라서 필승이의 오른쪽 눈과 자신의 가슴에 한 손씩 대고 강사가 말한 그 치유의 영이 만져 주시기를 간절히 소원한다. 갑자기 눈물이 솟구치고 가슴이 뜨거워진다.

얼마의 시간이 흘렀을까? 다시 조명이 환하게 들어오고 주변이 조용해지자 강사가 말하기 시작한다.

　"오늘 밤 이곳에 놀라운 일들이 벌어지고 있습니다. 치유의 영이 수많은 사람들을 고쳐 주셨습니다. 지금 이 시간 자신의 병이 완전히 고침 받았다고 확신하시는 분들은 무대 위로 올라와 주세요."

　미혜는 당혹스러워 어쩔 줄 몰라 한다. 아까처럼 차라리 누구누구가 나왔다고 확실하게 알려 주면 좋을 텐데, 스스로 확신하는 사람들만 앞으로 나오라니……. 필승이의 눈이 고쳐졌을까? 난 고침을 받았을까? 도무지 모르겠어. 어떡해.

　여기저기서 웅성거리는 소리만 들릴 뿐 아무도 앞으로 나가는 사람이 없다. 얼마쯤 시간이 흐르자 1층 중앙 오른쪽에서 한 남자가 벌떡 일어나 성큼성큼 앞으로 나온다. 50대 후반 정도로 보이는 세련된 옷차림의 인텔리같이 보이는 중년 신사다. 무대 위에 오르자 박수가 터져 나온다. 강사가 정중히 인사하면서 마이크를 건네며 어떤 병을 앓고 있었는지 또 어떻게 고침 받았는지 짧게 소개해 달라고 부탁한다.

　"저는 오른쪽 귀에 문제가 있었습니다. 직업이 교수인데요. 10년 전에 있었던 실험실 폭발 사고로 인해 오른쪽 귀의 청력을 완전히 상실했습니다. 전혀 들리지 않았지요."

감격에 겨워 울먹이며 말하는 신사에게 강사가 묻는다.

"지금은 잘 들리시고요?"

강사가 일부러 그의 오른쪽 귀에 대고 속삭이듯 말하자 신사가 아이처럼 활짝 웃으면서 고개를 끄덕인다. 우레와 같은 박수와 뜨거운 환호성이 터져 나온다. 그러자 여기저기서 자신의 치유를 확신한다는 사람들이 일어나기 시작한다. 무대 앞에 사람들이 몰려 줄을 서기 시작한다. 줄이 길어지더니 급기야 50m가 넘도록 길어져서 우측 바깥 통로에까지도 사람들이 줄을 선다.

이 광경을 물끄러미 바라본 미혜가 필승이를 끌어안고 아이의 귀에 대고 속삭인다.

"필승아, 너는 눈이 어때? 혹시 뭐가 보이지 않아? 달라진 것 없어?"

아이가 고개를 천천히 가로젓는다. 아, 우리는 왜 여기에 앉아 있는 거지? 결국 치유받지 못한 거야? 미혜가 답답함에 주먹으로 가슴을 친다. 아이와 탄 작은 배가 나이아가라 폭포 밑으로 떨어질 것만 같은 절망감이 덮쳐 온다.

Game #5

지금 할 수 있는 유일한 일

경기는 최악이었다. 매일 밤 홈런을 때리며 최상의 컨디션을 자랑하던 강타의 무한질주에 급제동이 걸린다. 1회 말 수비에 나선 강타가 우측 펜스를 넘어가는 홈런 성 타구를 잡으려고 점프 했다가 펜스에 부딪혀 허리를 삐끗한 탓이다. 큰 부상도 아니고 경기에 지장을 줄 정도는 아니어서 별 내색을 하지는 않았는데, 그 탓인지 강타가 실력 발휘를 하지 못했다. 3회 공격 때 볼넷으로 출루한 것 외에는 모두 빗맞은 타구로 땅볼 아웃되거나 플라이아웃되고 만 것이다. 결국 1 대 8로 대패하고 말았다.

경기를 마친 후 매니 헥토르 감독이 선수들을 클럽 하우스로 부른다. 풀이 죽은 선수들에게 뜻밖의 말을 쏟아 낸다.

"이보게, 인디언 친구들! 자네들 이거 아나? 반성할 줄 모르는 조직이 성공한다는 사실 말이야. 세상 어떤 분야에서든 성공한 이들을 보면 하나같이 반성을 모르는 인간들이라네. 상황이 안 좋을 때, 일이 잘 풀리지 않을 때, 특히 오늘같이 경기에 크게 패했을 때 이 사람들은 어떻게 하는지 알아? '절대로'라고 해도 좋을 만큼 반성을 하지 않아. 참 특이한 기질들이지? 허허허."

괴짜 감독답게 궤변을 늘어놓는다. 그러다 갑자기 말을 뚝 끊고 포수 겸 1루수로 활약하고 있는 신참 카를로스 칸타나를 쳐다본다. 칸타나가 고개를 푹 숙이고 있다. 오늘 결정적인 실수를 저지르는 바람에 팀이 초반에 무너지는 빌미를 제공한 선수다.

"이봐, 카를로스. 고개를 들게. 괜찮아, 괜찮아. 절대로 기죽을 필요 없어. 반성할 필요도 없고."

농담인지 진담인지 알 수 없는 감독의 말이지만 따뜻한 목소리를 들으니 진심인 것 같아 칸타나가 고개를 들며 계면쩍은 듯 히죽 웃는다. 표정이 아이같이 천진하다. 다른 선수들은 저의가 무엇인지 궁금하다는 듯 의심의 눈초리로 감독을 쳐다본다.

"밤낮없이 반성만 하고 있는 조직을 보면 백이면 백, 능력 없는 인간들입니다. 무슨 일만 터지면 기다렸다는 듯이 회의를 소집해서 반성을 유도하는 관리자는 성공하기 힘든 부류의 사람이에요. 늘 잘못만 지적하고 자신감을 갖지 못하게 만드니까요."

선수들이 웅성웅성한다. 몇몇은 이미 얼굴을 활짝 펴고 서로 하이파이브를 나누기도 한다.

"예전 감독님이 딱 그 스타일이었어요. 경기에 지기만 하면 그날은 삼십 분이나 한 시간씩 자아비판 파티를 열어야 했다니까요!"

팀의 고참 트래비스 해스너가 너스레를 떨며 말하자 한바탕 폭소가 훑고 지나간다. 감독은 자신의 의도가 제대로 전달됐음을 확인하고 만면에 미소를 띤 채 이야기를 마무리한다.

"아주 핫한 파티였겠군. 정작 반성이 필요한 때가 언제인 줄 아는가? 일이 척척 잘 풀려 갈 때라고! 마음이 들뜨고 우쭐거리고 싶을 때, 그때가 진짜로 반성해야 할 순간이지."

강타가 감독의 독특한 리더십에 감탄하고 있을 때 휴대전화가 진동한다. 아내에게서 온 전화다. 수화기를 통해 들려오는 아내의 목소리에서 다급함이 느껴진다.

"여보, 빨리 좀 와 줘야겠어. 필승이가…… 얘가 좀 이상해요. 빨리 와요, 빨리."

강타가 유니폼을 입은 채 그대로 소지품만 챙겨서 클럽 하우스를 빠져나온다. 정신없이 뛰어서 자동차에 올라타 시동을 거는데 다시 휴대전화가 울린다.

"지금 출발해! 대체 무슨 일이야?"

강타의 귀에 비명에 가까운 미혜의 목소리가 울린다.

"구급차를 불렀어요. 도저히 안 되겠어요. 지금 아이를 태우고 세인트존스종합병원으로 이동하는 중이야. 그쪽으로 와요."

"도대체 상태가 어떤데 그러는 거야?"

강타의 등에 식은땀이 흐른다. 손에 휴대전화를 쥐고 나머지 한 손으로 운전하는 강타의 호흡이 가쁘다.

"왼쪽 눈이 아프다고 데굴데굴 굴러요. 좀 전에 교회에 다녀왔어요. 특별치유집회가 열린다고 해서 혹시나 하고 아이를 데리고 갔다 왔는데……. 거기서는 괜찮았어요. 그런데 집에 들어와서 갑자기 쇼크 상태에 빠졌어요."

미혜가 목이 메는지 꺽꺽거리면서 말을 제대로 잇지 못한다. 강타도 호흡이 거칠어진다.

목요일 밤의 응급실은 의외로 한산하다. 흙이 잔뜩 묻은 클리블랜드 인디언스 유니폼을 입은 강타를 사람들이 흘끔거리며 쳐다본다. 강타는 아랑곳하지 않고 필승이와 미혜를 찾아 헤맨다. 다행히 금방 찾아낸다. 아이의 옆에 젊은 의사 둘과 간호사 둘이 붙어 있다.

미혜는 연승이를 업은 채 망연자실한 표정으로 손톱을 물어뜯으며 정신 나간 사람처럼 왔다 갔다 하고 있다. 강타를 발견한 미혜가 한걸음에 달려와 품에 와락 안긴다.

한차례 소동이 지나가고 고요해진 밤이다. 아이는 온갖 검사를 다 받은 후 일시적으로 중환자실에 격리 수용되었다. 면회는 오전 10시와 오후 7시 두 차례, 30분씩 허용된다. 검사 결과는 내일 오전에야 알 수 있다. 의사는 결과가 나와 봐야 정확히 알 수 있다는 말만 하고 원인을 제대로 설명해 주지 못한다. 그동안 수차례 병원을 드나들었지만 이렇게 중환자실에 격리 수용된 것은 이번이 처음이다. 미혜와 강타는 걱정스러운 마음에 어찌할 바를 모른다.

연승이가 계속 울어대는 바람에 더 이상 병원에 있을 수가 없다. 늦은 밤이지만 실례를 무릅쓰고 아이를 돌봐 줄 교인에게 전화를 건다. 흔쾌히 아이를 데려오라는 말에 강타와 미혜가 서둘러 차에 오른다. 미혜는 잠시나마 필승이 곁을 비우는 게 못내 불안한지 연신 뒤를 돌아본다.

자동차 시동을 켠 강타가 분위기 전환을 위해 CD플레이어를 켠다. 글렌 굴드가 연주하는 바흐의 골트베르크 변주곡이 흘러나온다. 빠르고 부드럽게 건반을 터치하는 연주자의 손길이 두 사람의 마음을 만져 주는 듯하다. 긴장됐던 마음이 조금씩 풀리는 것 같다.

차가 미끄러지듯 웨스트 반 부렌 스트리트를 빠져나가 19번 노스 에비뉴로 접어든다. 산타마리아에 있는 교인의 집까지는 30분 정도 더 가야 한다.

피아노 선율이 적막한 분위기를 촉촉하게 채워 준다. 이따금씩 들리는 글렌 굴드의 흥얼거리는 소리가 오늘따라 유난히 애잔하게 들려온다. 긴 침묵을 깨고 미혜가 입을 연다.

"아침에 당신이 했던 말, 맞는 것 같아요. 지금의 삶은 중심에서 진정으로 원했던 것들이 이루어 낸 결과라는 것 말이에요. 처음엔 동의할 수 없어서 화를 내기도 했지만, 곰곰이 생각해 보니 그 말이 옳은 것 같아요. 필승이가 태어난 다음부터 지금까지 줄곧 내 중심을 채우고 있던 건 두려움이었던 것 같아. 얘를 어떻게 키울까, 남편이란 사람은 마이너리그를 전전하다가 결국 3류 야구 선수로 인생을 끝내는 건 아닐까, 필승이가 시력을 완전히 잃고 나면 어떻게 살아갈까. 이런 걱정과 불안이 내 안에 가득 차 있었던 것 같아요. 이러지도 저러지도 못하는 사이에 내 인생이, 아니 우리 인생이 나이아가라 폭포를 향해서 떠내려가고 있었던 것 같다고요.

아무런 소망이나 결단 없이 그렇게 사는 동안에 두려움이 내 중심에 차곡차곡 쌓였겠죠. 그러다 사고가 터지고 그나마 괜찮았던 아이의 눈마저 잃게 되는 일이 벌어졌어요. 내 통증의 이유도 아마 그것 때문일 거예요."

강타가 운전대를 꽉 잡은 채 어금니를 깨물고 울컥하는 마음을 다스리며 말한다.

"당신이 그걸 깨달았다니 다행이야. 나도 불과 몇 주 전에야 알게 된 사실인 걸. 적어도 나한테는 이 깨달음이 믿을 수 없을 만큼 놀라운 결과를 가져다주고 있어. 어쩌면 우리 필승이를 덮치고 있는 문제도 홍 선배가 말한 근본적인 이해의 단계에 도달하면 해결할 수 있을지도 모른다는 생각이 들어."

"근본적인 이해? 그게 뭔데요? 그게 뭐든지 우리 애를 수렁에서 건져내 주기만 한다면 무슨 짓이든 하겠어요."

"선배는 내가 아주 가까이 접근해 있다고 말했어. 사람들이 대개 이것을 명사라고 착각하고 있지만 실은 동사래. 스스로 낮추고 희생해야만 알 수 있는 것인데 일단 중심에 이것이 채워지면 다른 소망들은 하찮게 느껴진대. 그게 뭔지 알아야 비로소 근본적인 이해의 단계에 들어갈 수 있다는 거야."

미혜가 손으로 얼굴을 감싸고 깊은 생각에 잠긴다.

"근본적인 이해의 단계라……. 나도 계속 생각해 볼게요. 명사라고 착각하는 동사. 낮아짐과 희생이 키워드라는 말이죠? 다른 소망을 하찮게 여기게 할 만큼 본질적인 것이겠네요."

"역시, 당신은 정리를 깔끔하게 잘해. 그래, 나도 며칠째 고민 중이야. 필승이의 눈은 의사에게 어쩔 수 없이 맡겨야 하잖아. 그건 우리가 어떻게 할 수 없는 영역의 일이니까. 우리는 우리가 할 수 있는 일을 합시다. 우선은 필승이를 위해서 드림 센텐스를 만들어 보면 좋겠어. 홍 선배 얘기를 들어 보니 폐암 3기 선고를 받았던 어떤 교수도 이런 식으로 깨끗이 나았다고 하더라고."

미혜가 저녁 때 집회에서 봤던 광경들을 떠올린다. 생전 처음 보는 놀라운 일들이었다. 소아마비 아이가 일어나 걷고, 귀가 들리지 않던 교수가 청력을 회복하고, 심지어 두 눈이 다 안 보였다는 어떤 노인은 한쪽 눈의 시력이 회복되어 "보인다, 보여!" 하고 소리치며 기뻐하기도 했다.

그런데 끝내 필승이에게는 아무런 기적도 일어나지 않았다. 미혜의 알 수 없는 통증도 여전하다. 미혜의 마음속에 두려움이 다시 똬리를 튼다. 그렇게 치유의 기적이 많이 일어났는데도 불구하고 미혜 자신과 필승이는 열외였다. 깊은 소외감과 함께 외면당한 듯한 거절의 상처가 마음을 아프게 한다.

강타가 운전대를 손으로 치며 큰 소리로 말한다.

"필승이를 위한 드림 센텐스! 맞아, 왜 진작 그 생각을 못했을까? 지금 당장 시작해야겠어. 여보, 이번에는 우리 함께 노력해 보자. 필승이가 시력을 회복하고 육체적으로든 정서적으로든 건강하게 자라도록 우리의 마음을 담아서 문장을 만들어 보자고! 그리고 틈나는 대로 그 문장을 반복해서 외우는 거야. 그게 바로 드림 센텐스거든. 만 번이고 이만 번이고 상관없어. 될 때까지 하지 뭐. 그 교수는 대학노트 수십 권 분량으로 만 번 정도를 정성껏 써서 고쳤다고 하잖아. 그래, 좋아. 그럼 우리는 우리 애가 다 나을 때까지 십만 번이고 백만 번이고 드림 센텐스를 외워 보자고. 그게 우리가 지금 할 수 있는 유일한 일이잖아!"

미혜가 고개를 크게 끄덕인다. 글렌 굴드도 이들의 대화를 엿들었는지 음악 소리가 유난히 커지면서 흥겹게 들린다. 건조하고 삭막했던 공기에 희망이라는 산소가 감돌기 시작한다.

클리블랜드 인디언스 팀을 태운 구단 전세기가 시카고 오해어 공항 활주로에 사뿐히 착륙한다. 피닉스에서 시카고까지 비행하는 두 시간 반 동안 강타는 푹신한 좌석에서 오랜만에 깊은 숙면을 취했다. 하지만 디백스와의 경기에서 삐끗한 허리가 회복되지 않은 듯 찜찜한 기분이 든다. 허리가 결리는 느낌이 더해진다. 팀 주치의에게 말하고 카이로프랙틱 시술이라도 받아야 할 모양이다.

　와이파이가 연결되자 강타의 휴대전화 화면에 메일 도착을 알리는 박스가 뜬다. 아내다.

사랑하는 강타 씨.

시카고에는 잘 도착했어요? 오랜만에 집에 들렀는데 영양 보충을 제대로 못 시켜 줘서 미안해요. 오늘부터 화이트삭스와 3연전이죠? 평소에도 가능한 한 당신 경기는 빠지지 않고 노트북으로라도 봐요.

필승이는 아직 중환자실에 있어요. 하지만 안정을 찾아가고 있어요. 내일쯤 일반 병실로 옮겨 준대요. 왼쪽 눈의 통증이 지난 번 다친 오른쪽 각막과 어떤 관련이 있는지 의사들도 모르겠다고 고개를 젓네요. CT 촬영에서도 아무런 이상이 발견되지 않았대요. 그래도 다행히 아이가 쇼크 상태에서는 벗어났으니 조금 더 지켜보자고 해요. 어린것이 안쓰러워요.

당신 염려할까 봐 말을 할까 말까 했는데, 얘가 계속 잠만 자네요. 안정제를 놔서 그런가, 시간이 지나도 깨어나지 않으니 걱정돼요. 필승이가 빨리 잠에서 깨어나 이 모든 게 꿈이라고 말해 주면 좋겠어요.

그저께 당신이 말했던 드림 센텐스 말이에요. 이렇게 만들어 봤는데 어때요?

당신 의견을 주세요. 열 개의 어절로 만들면 좋다고 했죠?

"필승이를 괴롭히는 질병은 다 떠나고

날마다 더욱 건강하고 행복하게 자란다."

어때요? 난 마음에 들어요. 당신 생각은요? 오늘도 멋지게 승리하세요. 파이팅!

당신의 미혜가.

비행기가 선수단 전용 리무진이 서 있는 활주로 외곽 쪽으로 천천히 이동하고 있다. 강타가 짧게 회신한다.

많이 힘들고 외로울 텐데 힘내 줘서 고마워. 시간이 없어서 짧게 쓸게. 드림 센텐스에는 부정적인 낱말이 들어가지 않는 게 좋대. 그래서 이렇게 바꿔 봤어.

"필승이는 밝은 마음과 완전한 시력으로

날마다 더욱 건강하고 행복하게 자란다."

그리고 당신도 빨리 나아야지. 당신을 위해선 이렇게 만들어 봤는데 어때?

"미혜의 몸은 날마다 상쾌하고
점점 더 건강해지며 마음은 기쁨으로 가득하다."
난 빅리거의 꿈을 이룬 거나 마찬가지야. 지금의 성적이라면 이변이 없는 한 내년에 썩 괜찮은 조건으로 계약할 수 있을 것 같아. 그러니 우리 몇 달만 더 견디자. 틈날 때마다 당신과 필승이를 위해서 드림 센텐스라는 드릴로 중심을 뚫을 거야. 기운 내. 사랑해요.

강타.

메일을 보내고 휴대전화를 보스턴백에 집어넣다가 가방 안에서 낯선 다이어리를 발견한다. 아, 참. 홍 선배가 두고 갔지. 피닉스에서 UPS로 보내려고 했는데 깜빡했네. 워낙 경황이 없어서 가방 안에 가지고 있는지도 모르고 있었다.

낡고 두툼한 다이어리를 꺼내 본다. 홍 선배의 삶의 이야기가 가득 적혀 있을 것 같다. 한번 열어 볼까? 손에 들고 잠시 고민한다. 어쩌면 이 노트 안에 선배가 깨달았다는 그 근본적인 이해라는 것에 대한 단서가 적혀 있을지도 모른다고 생각하니 침이 꿀꺽 넘어간다.

노트를 펼치려다 움찔하고 멈춘다. 이 노트에서 '정답'을 찾을 수 있을지 모른다. 하지만 그게 아무런 변화도 일으키지 못하면 어떡한단 말인가. 아이의 치유를 위한, 어쩌면 마지막이 될 기회를 헛되이 날려 버리는 어리석은 선택일 수도 있다는 생각에 숨을 깊이 내쉬고 다이어리를 도로 가방에 던져 넣는다.

중심을 새롭게 하는 네 번째 지혜

나의 현재 상태는
중심의 수준을 정확하게 반영한다

★ 중심은 매우 강력한 에너지 자력(磁力)을 갖고 있다.

★ 현재의 내 삶은 지금까지 살아오면서 내 중심의 자력에 이끌린 모든 것들의 집합체다.

★ 뚜렷한 소망을 품고 살아가지 않을 때, 우리의 중심에는 온갖 부정적 에너지들이 스며들게 되고 그 결과 중심은 심하게 오염되고 부패된다.

★ 변화를 원한다면 중심에 흘러드는 부정적 에너지를 차단하고, 진정으로 원하는 것들을 중심이 받아들일 수 있도록 교정해야 한다.

Game #6 **완벽한 것이 임할 때**

어느 날 완벽한 것이 나타나면
불완전한 것들은 사라지게 될 것이다.
But what is perfect will someday appear
and what isn't perfect will then disappear

화염에 휩싸이면서도 아들을 살려 낸
알렉스 실바처럼 무슨 일이 있어도
내 아들은 내가 지킨다.
아이를 살릴 수 있는 열쇠를 어서 찾아야 할 텐데…….

Game #6

두려움이 마음을 할퀼 때마다

"엄마, 거기 있어요?"

보조 침대에 걸터앉은 채로 벽에 등을 기대고 졸던 미혜가 깜짝 놀라 눈을 뜬다. 필승이가 깨어났나? 벌떡 일어나 침대에 누운 아이의 얼굴을 살핀다. 아이는 곤히 잠들어 있다. 꿈이었구나.

아이가 깨어나지 않는 동안 미혜에게는 작은 변화가 일어났다. 시도 때도 없이 엄습하던 통증의 횟수가 줄어들더니 간밤에는 오랜만에 아무 일 없이 잘 잘 수 있었다. 그동안에 긴장하느라 쌓였던 피로가 몰려와 정신없이 잠에 빠졌다.

필승이의 자는 얼굴을 들여다보며 남편이 메일로 가르쳐 준 드림 센텐스를 읊조린다.

"필승이는 밝은 마음과 완전한 시력으로 날마다 더욱 건강하고 행복하게 자란다."

그래, 필승아. 네 이름의 뜻처럼 반드시(必) 이겨야(勝) 해. 이 싸움에서 밀리면 안 되는 거야. 눈물이 미혜의 볼을 타고 주르르 흐른다. 아이는 사흘 내리 잠만 자고 있다. 아이 안에서 무슨 일이 벌어지고 있는지 알 수가 없으니 더욱 두렵다.

바로 그때, 아이가 몸을 꿈틀 움직인다. 미혜가 반사적으로 벌떡 일어나 아이의 얼굴을 들여다본다. 입술이 미세하게 움직인다. 아이가 무슨 말인가 하고 싶은 모양이다.

"그래, 필승아. 엄마 여기 있어. 엄마야, 엄마. 괜찮아? 말 좀 해 봐. 응?"

긴급호출 버튼을 찾아 누른다. 아이가 드디어 깨어나나? 지옥같이 힘겨운 시간이 끝나 가는 걸까?

강타가 휴대전화의 일정 아이콘을 눌러 필승이의 생일까지 남은 날짜를 계산해 본다.

9월 11일.

LA 에인절스와의 3연전 마지막 날이다.

필승이의 예언대로 로치이의 머리를 넘기는 홈런을 칠 수 있을까?

강타는 마음이 무거워진다. 예언을 할 때마다 그 아이의 몸과 마음이 얼마나 상처 받는지를 생각하면 몸서리가 쳐진다.

오전에 시카고 화이트삭스 구장인 U.S. 셀룰러필드에 가서 팀 닥터로부터 카이로프랙틱 시술을 받기로 약속한다. 피닉스에서 있었던 디백스와의 경기에서 펜스에 부딪쳐 허리를 삐끗한 이후 컨디션이 급격히 떨어지고 있다. 어서 빨리 끌어올려야 한다.

강타가 보스턴백을 어깨에 메고 천천히 물리치료실 안으로 들어간다. 백업 포수 루 마슨과 무릎 통증으로 고생이 심한 그래디 시즈모어가 이미 시술을 받고 있다. 강타에게 유독 살갑게 구는 시즈모어가 손을 번쩍 들어 인사한다. 시술 중인 팀 닥터도 미소 띤 얼굴로 강타를 맞이한다.

필승이가 나흘째 깨어나지 못하자 주치의가 다시 중환자실로 옮겨서 관찰해야겠다고 한다.

"EEG 및 MRI 검사에서도 별 이상은 발견되지 않았어요. 바이털 신호는 모두 정상인데 아이가 왜 이렇게 잠에서 깨어나지 못하는지는 저희로서도 이해할 수 없는 일입니다. 하지만 수면 중 뇌파 측정의 결과에서 특별한 징후가 보이지 않으니 지나치게 염려하실 일은 아닌 것 같습니다."

일반 안경의 절반 크기도 안 되는 작은 사각 돋보기 렌즈를 코 끝에 걸친 필승이의 주치의가 차트를 뒤적거리면서 난감한 표정을 짓는다. 영어로 자신의 의사를 표현하는 것이 서툰 미혜는 의사의 말에 고개를 끄덕일 뿐 자신의 심정을 뭐라 호소할 길이 없다. 막막하고 답답하기만 하다. 이러다가 아이에게 무슨 문제라도 생기는 건 아닐까. 미혜는 이렇게 두려움이 마음을 할퀼 때마다 남편이 알려 준 드림 센텐스를 반복해서 외운다.

정말 말에는 놀라운 힘이 있는 모양이다. 오십 번이고 백 번이고 드림 센텐스를 반복하면 할수록 복잡하고 우울했던 마음이 편안해지고 개운해지는 것 같다. 필승이가 시력을 완전히 회복해서 여느 아이들처럼 뛰어놀기도 하고 마음껏 책도 읽는 모습을 상상해 본다.

아무도 없는 쓸쓸한 집에 가 있기는 싫고, 그렇다고 교인 집에 맡긴 연승이를 챙기기에는 에너지가 부족한 터라 미혜는 병원 대기실에서 대부분의 시간을 보낸다. 하루 두 번 있는 중환자실 면회시간만 기다린다.

중환자실은 3층에 있다. 에스컬레이터로 한 층만 내려가면 1층 로비와 연결된 2층의 탁 트인 공간이 나온다. 이곳은 초록색 화분으로 가득한 온실 같은 분위기다. 3층까지 뻥 뚫린 로비 천장으로 햇살이 가득 들어온다. 백화점이나 호텔의 로비 같은, 밝으면서도 고급스러운 분위기다.

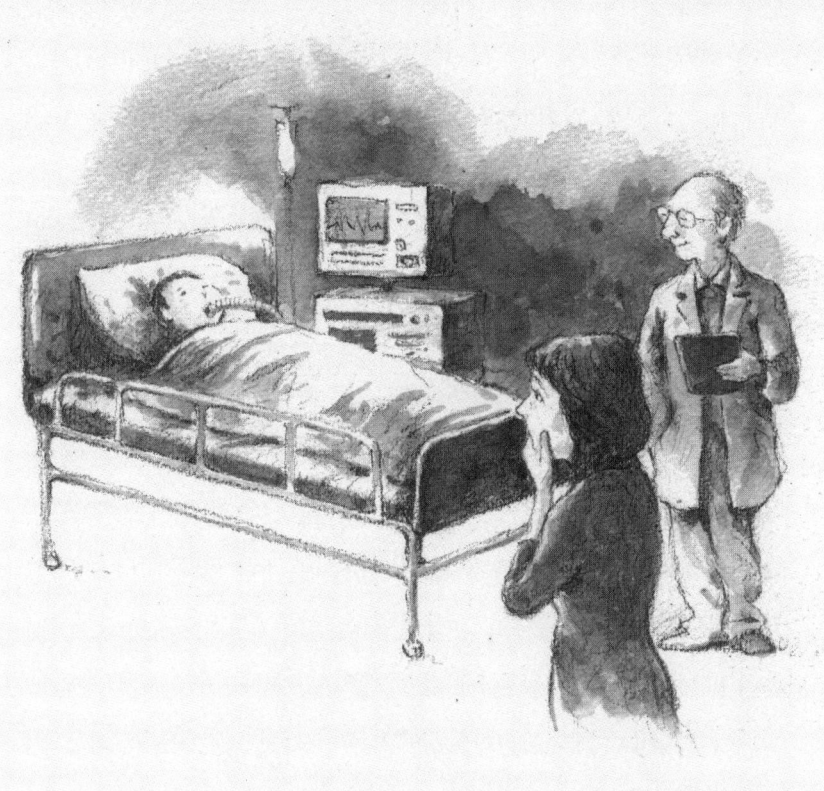

미혜가 2층 로비를 둘러보다가 한쪽 구석에 작은 예배실이 있는 것을 발견한다. 마음 둘 곳이 없던 차에 잘됐다 싶어서 조용히 예배실의 문을 열고 안을 들여다본다. 50명 정도 수용할 수 있는 크기의 예배실이다. 집회를 위해서라기보다 환자와 보호자들이 조용히 기도할 수 있도록 만든 공간인 듯하다. 마침 아무도 없다. 미혜는 무엇에 이끌리듯 안으로 들어가 앞에서 두 번째 줄에 앉는다. 세련된 디자인의 장의자는 등받이와 좌판이 상아색 가죽으로 덮여 있고 쿠션이 좋아서 오래 앉아 있기에 편안할 것 같다.

눈을 감고 앉아 있으려니 마음이 편안해진다. 필승이는 아무 일 없었다는 듯이 깨어날 거야. 5분쯤 흘렀을까? 누군가 문을 열고 들어오는 기척이 난다. 두어 사람이 들어와서 뒤쪽에 자리를 잡은 것 같다. 아마 미혜처럼 환자를 위해 기도하러 온 보호자일 것이다.

장의자 뒤에는 두툼한 성경책과 얇은 찬양집 그리고 봉투 몇 장과 리플릿들이 꽂혀 있다. 병원 채플에 대한 안내 리플릿이다. 미혜는 조용히 성경책을 꺼내 든다. 표지에 'Holy Bible'이라고 적혀 있다. 워낙 방대한 분량이라 감히 읽을 엄두가 나질 않는다. 그냥 소리 나지 않게 조심하면서 책을 뒤적인다.

특별치유집회에서 본 과학자 강사의 얼굴이 떠오른다. 그는 이렇게 말했다.

"이 세상의 천지 만물은 다 하나님의 말씀으로 창조된 것입니다. 온 우주가 말씀으로 창조되었으니 피조물인 우리 인간 역시 말씀의 지배를 받는 존재인 것입니다. 오늘 밤 저는 여러분에게 일시적인 도움밖에는 드릴 수가 없습니다. 내일이면 이곳을 떠나고 없을 사람입니다. 하지만 하나님의 말씀은 언제나 여러분 곁에 있습니다. 날마다 말씀을 약처럼 드십시오. 말씀에는 창조력과 함께 치유력이 있습니다. 말씀이야말로 여러분의 문제를 본질적으로 해결해 줄 치료제인 것입니다."

이해하기 어려운 이야기다. 말씀이 곧 치료제라니……. 뜬구름 잡는 이야기처럼 들린다. 별생각 없이 성경책을 뒤적이던 미혜가 생각에 잠긴다.

'그래, 한번 시험해 보는 거다. 정말 말씀이 치료제라면 우리 필승이의 눈을 고칠 방법이 있을지도 모르잖아. 필승이는 이제 책을 읽을 수가 없으니 나라도 읽고 들려줘야겠어.'

아이가 중환자실에서 병마와 싸우고 있는 동안 자신은 이곳에서 성경책을 읽으면서 보이지 않는 싸움을 해야겠다고 결심한다. 신약성경의 처음부터 읽기로 한다. 마태복음이다. 그런데 얼마 되지 않아서 미혜의 눈이 스르르 감기더니 고개가 툭 떨어진다. 깜짝 놀라 눈을 비빈다. 시작부터 웬 족보가 길게 이어지는지……. 발음하기도 힘든 낯선 이름을 읽고 있자니 지루하다 못해 기운이 다 빠져 버린다. 역시 이것 또한 쉽지 않은 싸움이 될 것 같다.

가볍게 하품을 한 미혜는 머리를 식히러 조용히 예배실을 나온다. 잠시였지만 마음이 조금 가벼워진 느낌이다.

탁 트인 2층 로비로 나간다. 곳곳에 평면 LCD TV가 걸려 있다. 잠시 뉴스라도 볼 생각으로 TV 앞에 놓인 의자에 앉는다. 볼륨을 최대한 줄여 놓은 상태라 화면과 자막으로 내용을 짐작해야 한다. 마침 CNN 뉴스가 나오고 있다. 태풍이 일본 열도를 강타했다는 소식이다. 시리아에서는 군이 민간인 장례식장에 발포하여 20명이 넘는 사상자가 발생했다고 한다. 뉴욕 경찰이 테러에 대비해 지하철 경계, 검색을 강화한다는 소식이 나온다. 모두 심란한 내용들이다.

우울한 뉴스를 보느라 마음이 불편해진 미혜는 다시 예배실로 돌아가기로 한다. 조용히 혼자만의 싸움을 계속하고 싶어진다. 자리에서 일어나 에스컬레이터로 향하는 미혜의 뒤로 TV 화면에 긴급 속보가 흘러나오고 있다. 휴대전화 카메라로 찍었는지 영상이 흐릿하다. 추락한 비행기가 연기를 내뿜는 장면을 배경으로 "탑승객, 승무원 전원 사망"이라는 자막이 밑으로 흐르고 있다.

Game #6

예언을 그치게 하는 완벽한 것

팀 닥터인 그레그 마스터슨 박사는 카이로프랙터이기도 하다. 척추 치료의 권위자로 팀에서 거액의 연봉을 지급하며 영입한 인물이다. '마법의 손'이라는 별명을 가진 그가 만지면 가벼운 신경질환이나 근육통, 뼈가 어긋난 증상 따위는 순식간에 사라지곤 한다. 카리스마는 없지만 늘 쾌활하고 직설적인데다가 소박한 성격이어서 선수들 사이에 인기가 무척 높다. 게다가 선수 하나하나의 특성을 다 꿰고 있고 소식도 가장 빠르다.

강타가 인디언스에 합류한 지 이제 2개월밖에 지나지 않았는데 마스터슨 박사는 이미 강타의 아내 미혜와 두 아들에 대한 정보를 머릿속에 다 입력한 상태다. 필승이의 아픈 눈과 미혜의 통증에 대해서도 이미 알고 있다. 강타의 수비와 타율을 외울 뿐 아니라 나름대로 부진의 원인까지 파악하고 있다.

"강타 쿠, 자네가 언제 나한테 올까 궁금했네. 그렇지 않아도 자네를 기다리고 있었어. 어디 보자. 틀림없이 여기가 문제일 텐데……."

박사가 손으로 허리를 짚는다. 족집게가 따로 없다. 아무도 눈치채지 못했을 거라고 생각했는데, 박사는 중계 화면에서 강타가 펜스에 부딪히는 장면을 보고 허리 부상을 짐작했다고 한다.

"아얏, 거기요. 거기."

박사가 척추 아래쪽 엉덩이뼈와 만나는 부분을 지그시 누르자 강타가 비명을 지른다. 우두둑 소리를 내면서 찌릿한 통증이 한번 스치고 지나가자 이내 얼굴이 붉어지며 땀이 비 오듯 쏟아진다.

"이제 됐어. 살짝 어긋나 있었군. 그동안 경기하기가 쉽지 않았을 텐데, 진작에 올 것이지. 하하하."

"솜씨가 정말 대단하시네요."

시술대에 얼굴을 박은 채로 고개를 들지도 못하고 웅얼거린다.

"최근에 갑자기 페이스가 떨어진 건 바로 이것 때문이야. 내 눈은 못 속이지, 암! 두 달 사이에 스무 개의 홈런을 날렸지? 두 경기마다 홈런을 하나씩 날린 셈 아닌가. 대단해. 행크 아론이 울고 가겠구먼.

내년엔 메이저리그 30개 구단이 모조리 자네와 계약하고 싶다고 줄을 설 텐데. 인디언스가 자네를 잡을 수 있을까 모르겠군."

박사가 강타의 허리를 탁탁 때리면서 너스레를 떤다.

"몸의 중심이 바로 서야 홈런을 또 치지 않겠나? 다 고쳐 놨으니 어서 가서 또 한 방 날리라고. 허허허."

박사가 휘파람을 불며 리모컨으로 TV를 켠다. 볼륨이 최대로 설정되어 있었는지 갑자기 귀청이 떨어질 정도로 큰 소리가 난다. 치료를 받고 있던 선수들이 모두 깜짝 놀란다.

"이런, 미안! 경기장이 시끄러울 때 맞춰 놓은 볼륨일 거야."

박사가 화면을 보면서 볼륨을 낮춘다. 시끄러운 소리에 정신이 번쩍 든 강타가 시술대에서 내려와 주섬주섬 옷을 챙겨 입는다. 화면에는 시커먼 연기를 내뿜는 비행기가 한 대 비치고 있다.

"이런, 또 비행기 추락 사고가 났구먼. 탑승자 전원이 사망하다니, 원. 쯧쯧."

"타카항공? 어느 나라 항공사예요?"

강타가 묻자 무릎 치료를 받고 있던 그래디 시즈모어가 대답한다.

"타카? 엘살바도르 항공사일걸. 작년 겨울휴가 때 한번 타 봤거든. 비행기가 무척 낡았다 싶었는데 결국 사고를 냈네, 냈어."

엘살바도르라는 말을 듣자 강타는 갑자기 가슴에 뭔가 서늘한 기운이 스치고 지나가는 것 같은 기분이 든다.

"엘살바도르라고요?"

강타가 TV 앞으로 가서 화면을 뚫어져라 들여다본다. 탑승객 121명을 태운 엘살바도르의 타카항공 TC 6133 편이 텍사스 휴스턴의 조지부시국제공항을 이륙, 엘살바도르의 수도 산살바도르로 향하던 중에 착륙을 앞두고 선회하면서 낮게 깔린 안개 속을 통과하다가 갑자기 기체가 이상을 일으켜 인근 야산에 추락한 사고였다. 1시간 전에 추락하여 현재 수색 작업 중이지만 탑승자 전원이 사망한 것으로 보인다고 기자가 격앙된 목소리로 리포트하고 있다. 탑승자 명단은 아직 입수되지 않았다고 한다.

"전원 사망이라니. 아휴, 끔찍해. 우리는 비행기를 일주일에 한두 번은 꼭 타잖아요. 그러니 이런 뉴스를 들으면 온몸에 소름이 쫙 돋아요."

백업 포수인 루 마슨이 툴툴거리듯 내뱉는다.

속보가 끝나고 다음 뉴스가 시작된다. 강타는 가방에서 노트북을 꺼내 인터넷에 급히 접속한다. 설마 홍 선배가 그 비행기에 타고 있진 않았겠지. 아닐 거야. 제발. 왠지 모를 서늘한 기운 때문에 몸을 부르르 떨면서 자판을 두드린다.

예배실로 돌아온 미혜는 성경책에서 낯익은 구절을 발견하고는 그 부분만 계속해서 읽는다. 강타와 한창 연애할 때 편지에 자주

인용했던 구절이다. 사랑에 관한 이야기. 오랜만에 읽으니 마음이 따뜻해지는 것 같다.

> 사랑은 오래 참고
> 사랑은 온유하며
> 시기하지 아니하며
> 사랑은 자랑하지 아니하며
> 교만하지 아니하며
> 무례히 행하지 아니하며
> 자기의 유익을 구하지 아니하며
> 성내지 아니하며
> 악한 것을 생각하지 아니하며
> 불의를 기뻐하지 아니하며 진리와 함께 기뻐하고
> 모든 것을 참으며
> 모든 것을 믿으며
> 모든 것을 바라며
> 모든 것을 견디느니라.

고린도전서 13장. 이 구절을 가사로 한 유명한 노래도 있지 않던가. 미혜는 천천히 읽으면서 고개를 끄덕인다. 세상에 이런 사랑이 넘친다면 얼마나 좋을까 생각한다.

'조금 전에 뉴스에서 봤던 암울한 세상 말고, 오래 참아 주고 온 유하며 자기의 유익을 구하지 않으면서 무례히 행하지도 않는 그런 세상은 없는 것일까? 실현 불가능한 일일까?'

성경책을 손에 쥔 채 미혜가 생각에 잠긴다.

'사랑은 오래 참는다? 무슨 뜻이지? 아마, 사랑하는 대상이 아무리 속 썩여도 일이 뜻대로 잘 풀리지 않아도 묵묵히 참아 내야 한다는 뜻일 거야.'

온유하다, 시기하지 않는다, 자랑하지 않는다……. 구절마다 뭔가 깊은 뜻이 있을 것만 같다. 문득 이 익숙한 구절이 쓰인 배경이 궁금해진다. 도대체 어떤 맥락에서 이런 얘기가 나왔는지 알아내기 위해서 고린도전서 13장 전체를 읽어 보기로 한다.

처음으로 돌아가니 이렇게 시작하고 있다.

내가 사람의 방언과 천사의 말을 할지라도
사랑이 없으면 소리 나는 구리와 울리는 꽹과리가 되고

사람의 방언? 천사의 말이라고? 순간 미혜의 머릿속에 집회 때 봤던 모습이 떠오른다. 강사가 등장하길 기다리면서 찬양할 때 사회자가 방언으로 기도할 줄 아는 사람들은 방언으로 기도하라고 해서 그게 뭔가 했다. 주변에서 멀쩡하게 생긴 사람들이 갑자기 이상한 목소리로 도무지 알아들을 수 없는 괴상한 말을 쏟아 내기 시작했다. 그게 방언이라고 했다. 무척 낯설었지만 한편으로는 신비롭기도 했다. 처음 구절을 여러 번 읽고 나서 다음 구절을 읽는다.

> 내가 예언하는 능력이 있어 모든 비밀과 모든 지식을 알고
> 또 산을 옮길 만한 모든 믿음이 있을지라도
> 사랑이 없으면 unless I loved others 내가 아무것도 아니요

예언이라는 단어에 미혜의 눈이 고정된다. 필승이가 겪는 끔찍한 고통과 미혜 자신에게 일어나는 알 수 없는 통증이 모두 예언과 관련이 있지 않은가. 2005년 허리케인 카트리나를 예언하면서부터 아이의 시력이 급격히 약해졌다. 야구공에 맞은 이후로 예언이 부쩍 늘어나면서 거의 매일같이 쏟아 냈다. 그때마다 아이는 고통스러워했고 자신도 끔찍한 통증에 시달려야 했다.

그런데 오늘 성경책을 보니까 예언을 아주 가볍게 다루고 있다는 생각이 든다. 내게는 그렇게 고통스럽기만 한데. 사랑이 없으면 예언 또한 아무것도 아니라고 한다. 사랑, 사랑이 도대체 무엇이란 말인가. 사랑에 대해 곰곰이 생각하면서 그 구절을 읽고 또 읽는다.

어느 순간 미혜의 눈에 'loved'라는 낱말이 갑자기 열 배 크기로 커져 보인다.

'loved? Unless I loved others? 만약에 내가 다른 사람들을 사랑하지 않는다면? 어머, 그렇구나. 사랑은 오래 참고 사랑은 온유하

다. 이때 사랑, Love는 분명히 명사다. 그런데 지금 여기서 사용된 loved는 동사 love의 과거형이잖아. 그렇다. Love, 사랑은 명사이면서 동시에 동사인 거야.'

그런데 사람들은 대개 사랑을 떠올릴 때 명사로서만 생각한다. 동사라는 생각을 별로 하지 않는다. 미혜가 그랬던 것처럼. 강타가 해 준 말이 떠오른다.

"어쩌면 우리 필승이를 덮치고 있는 문제도 홍 선배가 말한 근본적인 이해의 단계에 도달하면 해결할 수 있을지도 모른다는 생각이 들어. 선배는 내가 아주 가까이 접근해 있다고 했어. 사람들이 대개 이것을 명사라고 착각하고 있지만 실은 동사래. 스스로 낮추고 희생해야만 알 수 있는 것인데 일단 중심에 이것이 채워지면 다른 소망들은 하찮게 느껴진대. 그게 뭔지 알아야 비로소 근본적인 이해의 단계에 들어갈 수 있다는 거야. 그게 뭘까? 그걸 찾아야 해."

가슴이 떨린다. 엘살바도르 홍이 말했다는 '근본적인 이해'라는 게 혹시 여기에 나온 동사로서의 사랑과 관계가 있지는 않을까? 막연하긴 하지만 뭔가 단서를 찾은 것 같은 느낌에 짜릿해진다.

미혜가 설레는 마음으로 사랑과 관련된 나머지 구절들을 급하게 읽어 내려간다. 8절에서 미혜의 눈길이 멈춘다.

사랑은 절대로 실패하지 않는다.
누구든지 예언을 하는 사람은 그 예언을 멈추게 될 것이다.

Love never fails! Everyone who prophesies will stop.

앗! 누구든지 예언을 하는 사람은 그 예언을 멈추게 될 것이라고? 미혜가 눈을 동그랗게 뜬다. 엘살바도르 홍이 그랬다고 한다. 근본적인 이해의 단계에 들어가면 아이의 상태가 회복될 것이라고, 분명히 그랬다. 예언을 멈추게 되는 것, 지금 필승이에게 필요한 일이 아니던가. 심장이 요동친다. 동사로서의 사랑이 임하면 예언을 멈추게 된다? 미혜는 서둘러 다음 구절을 읽어 내려간다.

어느 날 완벽한 것이 나타나면 불완전한 것들은 사라지게 될 것이다.
But what is perfect will someday appear, and what isn't perfect will then disappear.

'완벽한 것이라? 완벽한 것이 대체 뭘까? 동사로서의 사랑? 사랑이 임하면 방언도, 예언도 멈출 것이라고 했는데…….'

어서 빨리 남편에게 알려야겠다는 생각에 마음이 급해진다. 주섬주섬 휴대전화를 찾아 버튼을 누르는데 손가락이 부들부들 떨린다.

"뚜~ 뚜~"

강타가 전화를 안 받는다. 팀 미팅 중인지도 모르겠다. 잠시 후 다시 걸어 보지만 역시 아무 응답이 없다. 미혜의 심장이 쿵쾅쿵쾅 요동친다.

Game #6

겁에 질린 눈망울

강타는 급한 마음에 엘살바도르 홍의 다이어리를 펼쳐 보기로 한다. 거기에 엘살바도르로 돌아가는 일정이 적혀 있을지도 모른다. 떨리는 손으로 낡고 두꺼운 노트를 편다. 곳곳에 얼룩진 자국과 손때가 묻어 있다. 밀림에서 일하는 틈틈이 기록한 흔적이 보인다. 홍 선배가 소속되어 일하고 있는 국제적십자 본부에서 발행한 기관용 다이어리다. 곳곳에 레드크로스 마크가 찍혀 있다. 메모와 일기가 가득 적혀 있지만 강타의 눈엔 아무 내용도 들어오질 않는다. 강타는 일정을 적어 넣은 달력부터 찾느라 노트의 앞뒤를 마구 뒤적인다.

"찾았다!"

노트 앞부분에 월별 일정표가 있다. 두근거리는 마음으로 9월 일정표를 찾는다. 손가락으로 일정 칸을 하루하루 짚어 가며 유심히 살핀다. 오늘 날짜의 일정을 보는 순간 강타의 몸이 얼음처럼 굳어 버린다. 이럴 수가. 오늘 날짜 칸엔 빨간색 글씨로 이렇게 적혀 있다.

TC 6133 편
휴스턴 출발 10:30

강타는 도저히 믿을 수가 없다.

'한 시간 전에 추락했다는 그 비행기, TC 6133 편이 여기에 적혀 있다니. 그럴 리가 없어. 뭔가 잘못됐어. 잘못돼도 크게 잘못된 거야. 홍 선배가 그 비행기를 탔을 리가 없잖아. 그래선 안 되잖아. 젠장. 국제적십자에 물어볼까? 아니, 방송국에 물어보면 되나?'

그때, TV에서 앵커가 사상자 명단을 입수했다는 소식을 전한다. 대부분 엘살바도르 현지인이고 외국인은 몇 명 되지 않는다고 한다. 미국인이 열두 명, 프랑스 기자가 두 명, 브라질 외교관이 한 명, 영국인 일가족이 네 명, 그리고 한국인 적십자요원이 한 명이라고 발표한다. 강타는 자신의 귀를 의심한다. 아, 말도 안 돼. 자막으로 외국인 탑승자들의 이름과 간단한 신상이 흐른다.

Seong-jin Hong(KOR)

'홍성진(한국인)' 엘살바도르 홍의 이름을 발견하자 강타가 그 자리에 털썩 주저앉는다. 동료들이 걱정스러운 눈빛으로 강타를 쳐다본다. 뭔가 심각한 일이 벌어졌음을 모두 직감한다.

강타가 홍 선배의 다이어리를 마치 그의 분신이라도 되는 듯 어루만진다.

"아니야. 절대 아니야! 이럴 수는 없어."

자리에서 벌떡 일어나 경기장으로 뛰어나간다. 운동장은 텅 비어 있고, 관중석 곳곳에서 방송국 사람들이 카메라를 테스트하거나 음향 장비를 설치하고 있다. 강타는 다이어리를 손에 든 채 외야 필드 쪽으로 정신없이 달린다. 펜스 앞에서 방향을 틀어 좌측 노란색 파울 폴대 쪽으로 질주한다. 숨이 가빠진다. 눈물로 앞이 흐려진다. 좌측 펜스 뒤편 불펜으로 뛰어 들어가 한참 통곡한다.

도저히 믿기지 않는다. 아니, 믿고 싶지 않다. 다 거짓말이야. 절대, 절대로 있어서는 안 되는 일이야. 밀림의 소수 부족을 위해 자신의 인생을 내어 준 홍 선배가 이렇게 무참하게 죽음을 맞이하다니, 화려한 보상을 바라고 한 건 아니었지만 그렇다고 이렇게 비참하게 생을 마칠 사람이 아닌데. 이렇게 될 줄 누가 알았겠는가.

클럽 하우스로 돌아온 강타는 가방에서 휴대전화를 꺼낸다. 아내로부터 부재중 전화가 여러 통 와 있지만 홍 선배의 생사부터 확인하기로 한다. 국제적십자 전화번호를 알아내어 누른다. 통화 중이다. 이번에는 엘살바도르 주재 한국대사관의 전화번호를 알아내서 전화를 건다. 역시 통화 중이다. 강타는 홍 선배의 소식을 알 만한 곳마다 전화를 해 보지만 별 소득이 없다.

　TV에서는 이미 사망자와 관련된 기사를 내보내고 있다. 이럴 땐 방송국의 기동력이 얼마나 대단한지 새삼 알게 된다. 시신이 수습된 미국인 열두 명에 대한 이야기가 자세히 나온다.

　강타는 한국의 언론사 웹사이트를 봐야겠다고 생각한다. 부랴부랴 노트북을 꺼내 KBS에 들어간다. 아직 별다른 소식이 없다. MBC와 SBS도 들어가 보지만 감감무소식이다. 실망스런 마음에 포털 사이트를 클릭한다. 네이버 초기 화면에 '속보'라는 작은 글씨가 보인다. 눈을 질끈 감았다가 다시 뜨고 읽는다.

　　[속보] 엘살바도르 항공기 추락사고. 탑승자 121명 전원 사망.
　　　　국제적십자에서 근무하는 한국인 홍성진 씨 사망(연합뉴스)

　강타는 맥이 탁 풀린다. 홍 선배의 죽음이 현실로 다가오고 있다. 30분쯤 지나자 한국 언론은 엘살바도르 홍의 사망 소식으로 시끌시끌해진다.

선수들이 속속 클럽 하우스에 도착한다. 강타의 창백한 얼굴을 본 동료들이 차마 강타에게 묻지는 못하고 무슨 일인지 서로 묻는다. 그래디 시즈모어가 강타의 절친한 친구가 비행기 사고 사망자 명단에 올라가 있다고 동료들에게 설명한다. 소식을 들은 동료들이 강타에게 애도의 뜻을 표한다.

복받쳐 오르는 슬픔을 진정시키지 못한 강타는 클럽 하우스를 빠져나와 관람석의 맨 꼭대기 층으로 향한다. US 셀룰러필드의 가장 높은 4층에서 경기장을 내려다본다. 마운드가 동전만 한 크기로 작게 보인다. 얼마나 무서웠을까. 얼마나 아팠을까. 마음이 미어지는 것 같다.

한동안 멍하니 앉아 있는데 주머니 속에 든 휴대전화가 부르르 울린다. 아내다. 강타가 얼른 전화를 받는다. 아내는 아무것도 모르는 듯 몹시 들뜬 목소리다. 순간 강타가 안도의 한숨을 쉰다. 혹시 필승이에게 무슨 일이 생겨서 전화했나 하는 생각을 했던 터였다.

"응, 여보."

강타의 힘없는 목소리에 미혜는 남편에게 무슨 일이 생겼음을 직감한다. 자신의 용건은 일단 미루고 남편의 안부부터 묻는다. 강타가 엘살바도르 홍의 비행기 사고 소식을 전한다. 미혜의 호흡이 거칠어지더니 이내 울음을 터뜨린다. 병원 예배실에서 발견한 '근본적인 이해'의 단서에 대해 말하려고 전화를 걸었지만 결국 아무 말도 꺼내지 못한다. 두 사람은 10여 분 동안 말없이 전화기를 붙들고 흐느끼기만 하다가 서로를 위로하고 전화를 끊는다.

연습 시간을 10분 정도 남기고 다시 클럽 하우스로 돌아온 강타는 TV 앞에 서서 화면을 뚫어져라 쳐다본다. 계속 같은 현장 화면만 되풀이해서 보여 주더니 갑자기 스튜디오가 나온다. 앵커가 이어폰을 만지작거리더니 긴급 속보가 들어왔다면서 프롬프트를 읽기 시작한다.

"방금 들어온 소식입니다. 사고 현장에서 작은 기적이 일어났습니다. 당초 탑승자 전원이 사망한 것으로 알려졌던 사고 현장에서 생존자 한 명이 구조되었다는 기쁜 소식입니다. 엘살바도르 현지 사업가인 38세 알렉스 실바 씨는 사고 비행기에 다섯 살짜리 아들과 함께 탑승했습니다. 비행기의 잔해 속에서 흩어진 시신을 수습하던 구조대가 조금 전, 현지 시각으로 오후 4시 23분, 그러니까 불과 20분 전의 일이네요. 다섯 살짜리 아들을 품에 안은 채 화염에 휩싸여 사망한 알렉스 실바 씨의 시신을 발견했는데, 그을린 아빠의 품에서 놀랍게도 아들이 의식을 잃은 채 숨 쉬고 있었다고 합니다. 응급 처치 후에 구급 헬기에 실어서 인근 병원으로 후송 중에 있습니다. 별다른 외상은 없고 생명에도 지장이 없는 것으로 확인되었습니다. 다시 한번 말씀 드리겠습니다…….”

아. 생지옥 같은 사고 현장에서 이런 생명의 기적이 일어나는구나. 다급하게 이송되면서 찍힌 동영상에서 소년의 겁에 질린 눈망울을 보자 강타는 중환자실에 누워 있는 필승이의 얼굴을 떠올린다. 애끓는 그리움이 확 몰려온다. 강타는 자신의 목숨을 잃는 한이 있더라도 필승이는 꼭 구해 내고 말겠다고 다짐한다. 애써 눈에 힘을 주고 어금니를 꽉 깨문다.

'엘살바도르의 원주민들을 죽는 날까지도 사랑했던 홍 선배처럼, 화염 속에서도 아들을 지켜 낸 알렉스 실바처럼 나도 필승이를 저 깊은 수렁에서 건져 내고 말겠어. 기필코!'

강타가 배트를 불끈 쥐며 그라운드로 천천히 걸음을 옮긴다.

Game #6

동사이지만 늘 명사로 생각하는 것

저녁 7시 10분. 시카고 화이트삭스의 홈구장인 US 셀룰러필드는 관객들로 초만원을 이룬다. 이제 정규 페넌트레이스는 불과 18일밖에 남지 않았다. 9월에 접어들면서 포스트시즌 진출 팀과 내년 시즌을 기약하는 팀들의 구분이 확연히 나뉘면서 MLB는 25인 로스터 시스템에서 40인 로스터 시스템으로 변화를 준다. 마이너리그의 유망주들을 끌어올려 출전 기회를 더 주기 위해서다. 특히나 가을의 전설에 참여하지 못하는 팀들이 이런 식으로나마 경기의 활력을 높일 수 있도록 배려하는 것이다.

시카고의 야구팬들이 경기 시작 한 시간 전부터 4만 석이 넘는 전 객석을 가득 메우고 있다. 마치 월드 시리즈가 열린 듯 곳곳에서 뜨거운 열기가 뿜어져 나온다.

화이트삭스의 투수는 가빈 플로이드, 올 시즌 26경기에 등판하여 8승 14패의 성적에 4.59의 방어율을 기록한 선수다. 팀의 4선발로 에이스라고는 볼 수 없는, 해 볼 만한 투수 로테이션이다.

강타는 경기가 있는 날마다 새벽 일찍 일어나 그날 상대할 투수를 면밀히 분석하는 습관이 있다. 한 시간 정도를 투자해서 스카우팅 리포트를 읽고 꼼꼼히 분석하고, 상대 투수의 최근 구질을 보기 위해 MLB TV의 아카이브 영상을 찾아본다. 오늘 상대할 가빈 플로이드에 대해서도 만반의 준비를 해 두었다.

플로이드는 최근 미네소타 트윈스와의 경기에 등판해서 3과 2/3이닝 동안 무려 7실점을 하며 강판 당한 적이 있다. 아마 오늘은 만회하기 위해서라도 마음을 단단히 먹고 덤벼들 것이다. 이 점을 노려야겠다고 생각했다. 아침까지는.

그런데 지금 강타의 머릿속에 데이터나 분석 자료 따위는 이미 증발하고 없다. 아무 생각도 떠오르지 않는다. 공중에 붕 떠 있는 듯 무중력 상태를 느낀다. 더그아웃에서 분발하자고 서로 격려하며 큰 소리로 떠들어 대는 동료 선수들의 소리가 귀에 들어오지도 않는다.

오늘도 매니 헥토르 감독은 강타를 3번 타자로 배정한다. 상승세에 있는 2번 타자 애덤 카브레라와 폭발적인 타구력의 3번 타자 구강타 그리고 신예 4번 타자 카를로스 칸타나의 조합이 최근 무서운 파괴력을 보이며 상대 팀을 압박하고 있다.

배트를 손에 쥐고 고개를 숙인 채 꼼짝 않고 앉아 있던 강타가 벌떡 일어나 클럽 하우스 안으로 들어간다. 라커 안의 보스턴백을 열어서 홍 선배의 낡은 다이어리를 꺼내 들고 다시 더그아웃으로 간다. 마치 홍 선배를 경기장에 초대한다는 듯이.

경기가 시작된다. 1회 초 첫 번째 타석에 들어선 1번 타자 마이크 브랜타가 보기 좋게 삼진 아웃을 당하고 멋쩍은 표정으로 더그아웃으로 들어온다. 화이트삭스 팬들이 경기장이 떠나갈 듯이 환호성을 지른다. 더그아웃에서 경기를 지켜보던 인디언스 선수들이 움찔한다.

강타는 홍 선배의 다이어리를 헬멧 보관함에 넣고 천천히 일어나 더그아웃의 계단을 오른다. 머릿속이 하얗게 비워진 느낌이다. 상대 투수가 누군지 어떤 구질을 갖고 있는지 아무런 생각도 나지 않는다.

최근 10경기에서 강타는 42타수 17안타에 타율은 0.404를 기록

하고 있다. 그중에서 홈런이 여섯, 타점은 12라는 가공할 만한 성적을 올리며 도루를 5개나 성공시켰다. 뿐만 아니라 우익수로서 공을 포구해 달리는 주자를 잡아내는 보살을 7개나 해냈다. 공격이면 공격, 수비면 수비, 모든 면에서 최상의 기량을 발휘해 왔다. 가히 철의 어깨라 불릴만 하다. 야구팬들은 강타를 다시 비둘기 검객이라고 부르며 환호한다.

그라운드에 선 강타가 배트를 들고 허리를 돌린다. 더그아웃의 헥토르 감독과 눈이 마주치자 감독이 입술을 움직여 자신에게 말하는 모습이 보인다.

"헤이, 비둘기 검객! 멋지게 한 방 먹여 줘!"

감독이 눈을 찡긋해 보이며 웃는다. 강타를 신뢰하고 있음을 알 수 있다. 그런데 강타의 눈과 귀에는 아무것도 보이지 않고 들리지 않는다.

2번 타자 애덤 카브레라가 기습 번트를 대고 1루로 질주한다. 투수와 3루수 사이로 떨어지는 절묘한 번트다. 화이트삭스의 3루수 오마 비스켈이 번개같이 달려들어 맨손으로 공을 포구해 1루로 던진다. 아슬아슬하다. 노장 비스켈이 공을 던지고 그대로 내야 잔디 위로 나동그라진다. 일직선을 그리며 날아간 공은 카브레라의 발이 1루 베이스를 밟는 것과 동시에 1루수 코네커의 미트로 빨려 들어간다.

모두가 숨을 죽이고 지켜본다. 1루 심판이 큰 몸짓으로 아웃을 선언한다. 경기장의 2층과 3층 관람석 사이에 띠처럼 길게 설치된 초대형 LED 화면에 'OUT'이란 자막이 뜬다. 그라운드가 들썩일 정도로 탄성이 터져 나온다. 팡파르가 울려 퍼지자 온통 흥분의 도가니가 된다. 선발 투수 가빈 플로이드가 팀의 노장 오마 비스켈을 쳐다보며 미소 짓는다. 초반부터 화이트삭스가 분위기를 압도한다.

4만여 관중의 야유 속에 강타가 타석에 들어선다. 초점 잃은 눈동자에 배트를 든 손에 힘이 하나도 없어 보인다. 머릿속에는 오직 한 가지 생각밖에 없다.

'화염에 휩싸이면서도 아들을 살려 낸 알렉스 실바처럼 무슨 일이 있어도 내 아들은 내가 지킨다. 아이를 살릴 수 있는 열쇠를 어서 찾아야 할 텐데…….'

홍 선배의 죽음으로 인한 슬픔은 이제 필승이에 대한 절박함으로 바뀌며 강타의 마음을 옥죄고 있다.

이마에 땀이 송골송골 맺혀 흐른다. 유니폼 왼쪽 소매를 들어 얼굴을 닦다가 소매에 붙은 인디언의 활짝 웃는 빨간 얼굴을 들여다본다. 갑자기 인디언의 얼굴에 필승이가 오버랩된다.

'우리 꼬마 인디언이 밝은 눈으로 깨어나도록 할 거야. 활짝 웃게 만들어야지.'

강타가 매서운 눈초리로 투수를 노려본다. 상대의 이름도 정보도 아무것도 생각나지 않는다. 그저 투수일 뿐이다. 마음을 비우자 몸이 깃털처럼 가볍게 느껴진다. 자신의 의지가 아닌 뭔가 강렬한 힘에 이끌리는 느낌이다.

첫 번째 공이 날아온다. 평소보다 공이 훨씬 크게 보인다. 전광판에 구속이 97마일이라고 찍힌다. 매우 빠른 공인데도 강타의 눈에는 초저속 슬로 모션처럼 보인다. 포수의 미트로 공이 빨려 들어가는 걸 지켜본다.

강타가 배트를 투수 쪽으로 검을 겨누는 듯한 자세를 하고 잠깐 멈춘다. 그리고 허공을 향해 휘휘 두 번 휘두르고 나서 허리를 꼿꼿이 세운 채 무릎을 약간 구부린 자세로 배트를 똑바로 세워 든다. 비둘기 검객 특유의 타격 자세다. 시선은 투수의 글러브에 들어 있는 공을 향하고 있다.

두 번째 공이 날아온다. 초구와 똑같은 강력한 투심 패스트볼이다. 이번에는 몸 쪽으로 약간 높게 들어온다. 강타가 제일 좋아하는 코스다. 제대로 들어오는군. 웬일인지 그 빠른 공이 느릿느릿 슬로 모션으로 보인다. 실밥이 회전하는 것까지 다 보인다. 몸의 힘을 빼고 배트를 자연스럽게 휘두른다.

"딱!"

배트의 중심에 묵직한 게 걸려들었다. 손바닥에 느껴지는 울림으로 알 수 있다. 공은 우익수 쪽으로 날아올라 한 마리 비둘기처럼 훨훨 비행한다.

"오, 오~우."

관중이 한목소리로 탄식을 내뱉는다. 공이 그리는 포물선의 궤적이 한없이 올라가다가 우측 펜스쯤에서야 아래로 떨어진다. 관중석 상단에 떨어지는 초대형 홈런이다. 모두가 찬물을 끼얹은 듯 고요해진다. 강타가 천천히 1루 베이스를 돌아 2루로 향한다.

화이트삭스 팬이 어렵게 잡은 홈런 볼을 흔들어 보이자 다른 관중들이 야유를 퍼붓는다. 공을 손에 쥔 뚱뚱한 남자가 알아들었다는 듯이 어깨를 으쓱해 보이며 공을 외야 그라운드로 던져 버린다. MLB 팬들은 상대 팀이 홈런을 쳤을 때 이렇게 하곤 한다. 홈런 볼을 그라운드로 다시 넣음으로써 상대 팀에게 야유를 보내는 것이다.

강타가 3루를 돌아 천천히 홈 베이스를 밟는다. 다음 타자로 대기하고 있던 카를로스 칸타나가 하이파이브를 해 온다. 무뚝뚝한 얼굴로 선수들과 하이파이브를 한 강타가 더그아웃으로 들어와 자리에 앉는다. 외롭다. 한없이 외롭다. 눈물이 날 것 같지만 강해져야 한다는 생각에 꾹 참는다.

왼쪽 소매의 빨간 인디언을 다시 들여다본다. 강타의 인디언은 아직도 눈을 감고 있는 것만 같다. 헬멧을 벗어 보관함에 넣다가 홍 선배의 낡은 다이어리에 눈길이 멈춘다. 다이어리를 꺼내 들고 더그아웃 구석 빈자리로 가서 앉는다.

"딱!"

소리와 함께 4번 타자 칸타나가 우익수 옆을 꿰뚫는 2루타 성 타구를 치고 질주한다.

강타가 다이어리를 어루만지다 덮개의 똑딱단추를 열고 펼쳐

본다. 익숙한 필체가 눈에 들어온다. 홍 선배의 필체는 투박한 외모와는 달리 상당히 꼼꼼하면서도 예쁘다. 깔끔한 성격의 여중생이 쓴 것 같다. 동글동글한 글씨가 지면을 메우고 있다.

현재 추진하고 있는 학교 설립에 관한 메모들, 기부를 약속한 대상자들의 명단과 연락처가 보인다. 셀 수 없을 정도로 많은 전화번호가 적혀 있다. 곳곳에 묻어 있는 진흙과 얼룩들이 홍 선배의 치열한 삶의 현장을 보여 주는 것만 같다. 너덜너덜 거의 찢어질 듯 낡았다. 몇 장 넘기다가 빨간색 형광펜으로 테두리 친 메모를 하나 발견한다.

잠시 눈을 들어 그라운드를 살핀다. 2루에 칸타나가 진루했고, 타석에 선 5번 지명타자 트래비스 해스너가 고의성 짙은 볼넷을 골라 1루로 천천히 걸어 나간다.

강타가 다시 다이어리를 내려다본다. 빨간색 형광 테두리 안에는 한 편의 시가 적혀 있다. 한 줄 한 줄 읽어 내려가던 강타의 눈동자가 점점 커지기 시작한다.

갑자기 우레와 같은 함성이 들려온다. 강타에게 홈런을 맞고 잠시 주춤했던 선발 투수 가빈 플로이드가 제정신을 차린 모양이다. 6번 타자로 타석에 들어선 그래디 시즈모어를 풀카운트 접전 끝에 스트라이크 아웃으로 잡아낸다. 1회 초부터 맞은 큰 위기를 그럭저럭 넘긴 시카고 화이트삭스 팬들이 다시 술렁거리며 흥분하기 시작한다.

이제 수비하러 나갈 차례다. 강타는 홍 선배의 다이어리를 다시 헬멧 보관함에 넣고 모자를 꾹 눌러쓴다. 오른손에 글러브를 낀 강타가 더그아웃 계단을 뛰어올라 외야의 우익수 자리를 향해 뛴다. 그라운드의 잔디가 잘 다듬어져 있다. 초록과 연두, 두 가지 색 잔디를 격자무늬로 깔끔하게 깔아 놓아 마치 카펫을 밟는 것 같은 기분이 든다. 중견수 시즈모어와 캐치볼을 하며 몸을 푼다.

강타의 머릿속에는 조금 전에 읽었던 홍 선배의 글이 폭죽처럼 터져 퍼지고 있다. 불에 덴 듯 가슴이 뜨겁게 타오르는 것 같다.

중환자실의 저녁 면회시간은 7시다. 주어진 시간은 단 30분. 미혜는 필승이의 상태를 꼼꼼히 체크한다. 모든 바이털 신호는 정상이다. 다만 잠에서 깨어나지 않는 게 문제다. 담당 간호사가 너무 염려하지 말라고 안심시킨다.

'필승이가 자고 있다. 잠자는 숲 속의 공주처럼 긴 잠에 빠졌다. 지금 저 아이의 안에서는 어떤 일이 벌어지고 있을까? 깨어나기가 싫기라도 한 걸까?'

미혜는 가슴이 아리다. 아이가 중환자실에 누워 있는 동안만큼은 이상한 통증이 미혜를 한 번도 덮치지 않았다. 그것이 그나마 위로가 된다. 평화로운 듯 보이는 아이의 얼굴을 마지막으로 확인하고 뺨에 입을 맞추고 나서 조용히 중환자실을 빠져나온다.

낮에 집에 들러서 샤워하고 옷도 갈아입어서 그런지 몸이 가뿐하다. 병원에서 하루 더 버텨 보기로 한다. 2층 로비로 내려간다. 노트북으로 남편의 경기를 지켜볼 생각이다. 저녁에도 로비는 여전히 사람들로 붐비고 있다. 쿠션이 푹신한 구석 자리에 편안하게 앉는다. 이 정도면 오늘 밤도 새우잠을 자는 데 무리가 없을 것 같다.

MLB TV에 접속한다. 시간을 보니 경기는 벌써 3회나 4회쯤 진행됐을 것 같다. 로그인을 하고, CLE vs CWS를 찾아 클릭한다. 4회 초 인디언스의 공격이 진행 중이다. 시간이 저녁 8시 10분을 넘어가고 있다. 경기는 1 대 4로 원정팀 인디언스가 앞서고 있다. 다행이다.

미혜는 남편의 경기 성적을 보려고 화면 하단의 '박스 스코어'라는 글자를 클릭한다. 반투명 박스가 떠올라 수치화된 경기 상황을 데이터로 보여 준다. 원정 팀인 인디언스의 라인업이 먼저 하얀 글씨로 떠오른다. 남편은 3번 타자다. Gang-Ta Koo.

와, 2타수 2안타네! 타율이 0.339로 높아졌다. 이제 슬럼프에서 빠져나온 모양이다. 앗, 두 개 모두 홈런이잖아! 미혜는 놀라움으로 벌어진 입을 손으로 가린다. 화면 아래쪽의 하이라이트 비디오 클립 메뉴를 누른다. 첫 번째 홈런은 우익수를 훌쩍 넘기는 엄청난 비거리의 홈런이다. 두 번째 홈런은 3회 초에 터졌다. 둘 다 솔로 홈런이라는 게 좀 아쉽다. 하지만 멀리서 홀로 혼신의 힘을 다해

싸우고 있는 남편에게 고마운 마음이 샘솟는다.

하이라이트 영상 속의 남편을 유심히 살핀다. 그런데 두 번째 홈런을 치고 천천히 필드를 도는 남편의 얼굴이 딱딱하게 굳어 있다. 엘살바도르 홍의 죽음 때문일 것이다. 또 필승이 걱정 때문일 것이다. 미혜의 마음속에 다시 눈물이 흐르기 시작한다.

경기중계 화면을 작게 보기 모드로 바꾸고 화면 오른쪽 아래로 옮겨 놓는다. 그리고 한국의 포털 사이트에 들어가 본다. 엘살바도르 홍에 대한 기사로 도배가 되어 있다. 그중에서 눈에 띄는 제목을 발견하고 클릭한다.

몇 년 전 국제적십자에서 홍보문안 내부공모를 한 적이 있는데 이때 엘살바도르 홍의 시가 당선되었다고 한다. 그 시가 뒤늦게 화제가 된 것이다. 국제적십자의 광고에 홍보 카피로 쓰여 전 세계에 소개됐다. 당시 세계적으로 큰 화제를 몰고 왔던 광고다. 미혜가 TV에서 봤던 광고를 기억해 낸다. 아, 홍 선배가 쓴 글이었구나. 광고 동영상 보기를 클릭한다. 화면 가득 예쁜 글씨체로 쓰인 글이 아름다운 영상을 배경으로 떠오른다.

사랑은 명사가 아닙니다.
사랑이 아무리 아름답고 깊다 할지라도
사랑이 움직이지 않는다면
그것은 이미 생명이 떠난 것입니다.

> 사랑은 행동입니다.
> 살아 움직이는 것이며
> 감동시키는 것이며
> 변화시키는 것입니다.
> 사랑한다고 말하면서
> 나를 주지 않는다면 그것은 사랑이 아닙니다.
> 사랑한다고 말하면서
> 나를 포기하지 않는다면 그것도 사랑이 아닙니다.
> 사랑은 나를 온전히 주는 것입니다.
> 사랑은 동사입니다.
> 사랑하기를 주저하지 마세요.

　　미혜의 얼굴이 환하게 밝아진다. 이거야. 그래, 바로 이거였어. 마치 어려운 시험 문제의 정답을 확인한 기분이다. 우리 내면의 중심에서 벌어지고 있는 일들에 대한 '근본적인 이해', 완벽한 것이 오면 부분적인 것들이 멈추게 될 것이라는 고린도전서 13장의 구절. 이 모두가 '사랑'을 가리키고 있다. 동사로서의 사랑을 말한 게 맞았어.

　　중심에 채워야 할 것은 소망도 확신도 아니었다. 소망과 확신을 뛰어넘는 그 무엇이었다. 그게 바로 사랑이었다니. 미혜는 가슴이 벅차오르면서 머리가 어질해진다. 눈물이 날 것 같아 손으로 얼굴을 비비면서 생각한다.

'그런데 왜 '동사로서의 사랑'이 중심에 대한 '근본적인 이해'라는 거지? 근본적인 이해라…….'

미혜는 근본적인 이해의 반대 개념이 무엇인지 곰곰이 생각한다. 피상적인 이해……. 문득 떠오른 생각에 입가에 미소가 번진다.

'맞아, 중심을 채우는 사랑 없이 피상적으로 그저 드림 센텐스만 외우고, 소망을 이루고 문제를 해결하려는 목적으로 중심을 이용하는 건 결국 자신의 욕망을 채우려는 것에 지나지 않아. 중심은 생각보다 훨씬 더 크고 더 높고 더 넓고 더 깊은데, 그걸 몰랐어. 제대로 알지도 못하면서 단지 그 힘을 이용하고 싶었던 것뿐이야. 알맹이는 모르고 껍데기만 아는 그야말로 피상적인 이해밖에는 못 하고 있었다고!'

미혜가 다시 노트북을 들여다보며 엘살바도르 홍과 관련된 다른 뉴스들을 클릭해 읽어 본다. 가슴 뭉클하게 만드는 아름다운 사연들이 소개되어 있다. 사진 속에서 고릴라처럼 큰 몸집의 엘살바도르 홍이 시커먼 원주민 아이들에 둘러싸여 하얀 치아를 드러내며 활짝 웃고 있다. 어떤 기사는 밀림 속에 병원을 짓기 위해 홍이 종횡무진 돌아다닌 거리가 무려 50만km가 넘는다는 사실을 자료와 함께 싣고 있다.

아. 홍 선배의 중심에는 절절한 사랑이 뜨겁게 타오르고 있었구나. 새삼 홍의 존재감을 깊이 느끼면서 미혜는 자신을 돌아본다. 순간

자신의 삶이 부끄럽게 느껴진다. 아이와 남편에게 집착하듯이 전전긍긍하며 살아왔다. 아니, 어쩌면 후회인지도 모른다. 가족이라는 작은 울타리만 보고 살았던 것에 대한 후회.

'홍 선배는 이렇게 세상을 향해 자신의 삶을 활짝 열고 살았던 거야. 그런데 난 좁은 우물의 입구를 올려다보며 한탄하고 후회하고 두려워하면서 살았어. 더 넓은 세상이 있는데 그것도 모르고, 우물 안에서 문제랑 씨름하며 살았다고!

내 중심에는 무엇이 있을까? 불안, 두려움? 사랑, 동사로서의 사랑이 내 중심에 임하면 내 인생도 달라질 수 있을까?'

미혜는 이 순간 남편이 그립다. 남편을 어서 만나고 싶다. 문득 한 가지 생각이 희미하게 스치자 노트북을 열고 메일 박스를 연다.

Game #7
홈 플레이트의 기적

공이 배트의 중심에 맞는 소리가 들린다 굉음에 경쾌으로 맞은 공이 까만 하늘 위로 새 하얀 궤적을 그리며 옥이수 쪽으로 날아간다

중심에 사랑이 임하면 사랑이 자기력을 내뿜어
다른 사람의 사랑을 끌어들이죠.
그렇게 사랑이 돌고 도는 거예요.
사랑이야말로 내면의 중심에 채워야 할 근본적인 것이에요.
홍 선배가 바로 그런 삶을 산 것이고요.

Game #7

중심이 채워지지 않는 허전함

 강타가 세 번째 타석에서 만루 홈런을 터뜨렸다. 조금 전 네 번째 타석에서는 2루타를 쳐 냈다. 오늘 경기에서 홈런 셋, 2루타 하나를 기록한다. 6타점을 혼자서 올린 셈이다. 빅리그에서 뛰기 시작한 이래 최고의 성적을 거둔 밤이다.

 사실 강타의 컨디션은 최악이었다. 홍 선배의 죽음으로 심리적인 타격을 크게 입었고 스트레스 또한 극심했다. 몸도 마음도 무척 힘든 상태였다. 무념무상의 상태로 타석에 섰다. 마치 누군가가 대신 배트를 휘둘러 주는 듯 착각하면서 공을 쳤다.

 인디언스의 팬들은 TV 화면을 보며 강타를 연호했고, 경기장의 화이트삭스의 팬들은 강타 때문에 두려움으로 떨었다.

2루타를 친 강타가 2루 베이스를 밟고 서 있다. 타석에는 4번 타자, 포수 카를로스 칸타나가 들어선다. 이때 화이트삭스에서 투수를 교체한다. 외야 불펜 쪽에서 호출을 받은 왼손잡이 투수가 달려 나온다.

    그동안 잠시 여유가 생긴다. 묵묵히 베이스를 밟고 있던 강타가 경기장을 가득 메운 관중을 찬찬히 훑어본다. 홈 팀의 패색이 짙어지자 더욱 열광적으로 응원한다. 야구모자를 뒤집어쓰고 역전을 기원하는 사람들도 보인다. 자기가 좋아하는 선수를 응원하는 글귀와 그림을 넣어 화려하게 장식한 보드를 들고 서 있는 사람들도 여럿 보인다. 하나같이 경기에 푹 빠져 있는 모습이다.

    교체로 나온 불펜 투수가 몸을 풀기 시작한다. 강타가 1루 쪽 관중석을 바라본다. 뒤쪽 더그아웃에서 뭔가를 발견하고 소스라치게 놀란다. 조명이 어두워서 잘 보이진 않지만 누가 거기에 앉아 있다. 낯익은 얼굴, 고릴라 같은 몸집에 헝클어진 머리를 한 홍 선배가 앉아 있다! 강타와 눈이 마주치자 흰 치아를 드러내며 밝게 웃는다. 눈빛에서 잔잔하고 고요한 평화가 느껴진다. 홍이 고개를 돌려 경기장을 둘러보며 어깨를 으쓱한다. 열광하는 4만 관중을 한번 보라는 듯이.

    강타는 가슴에 전류가 흐르듯 찌릿함을 느낀다. 어질해진 강타가 헬멧을 벗고 고개를 세차게 흔든다. 내가 지금 무슨 생각을 하고 있는 거야. 홍 선배가 저 자리에 있을 리가 없잖아. 그는 이미 몇 시간 전에 엘살바도르의 척박한 땅에서 저 하늘나라로 먼 여행을 떠나지 않았던가. 강타는 손바닥으로 눈을 비비고 그 자리를 다시 바라본다.

조금 전까지만 해도 분명히 홍이 있었는데, 그 자리에는 단정하게 머리를 빗어 넘긴 거구의 백인이 맥주를 마시며 옆에 앉은 가족들과 담소를 나누고 있다. 주위를 둘러봐도 홍 선배와 비슷하게 생긴 사람을 찾아볼 수가 없다.

관람석을 빙 둘러 헤집듯이 살펴본다. 모두가 홍 선배인 듯 보이기도 하고, 아무 곳에도 없는 듯이 느껴지기도 한다.

강타는 문득 그날 밤, 홍과 나눴던 대화를 떠올린다. 밤새 비가 내리는 와중에도 센트럴파크에서 쿵쾅쿵쾅 스피커를 울려 대던 마이클 잭슨 추모공연을 내려다보며 홍이 이렇게 말했다.

"내면의 중심은 블랙홀과도 같아서 끊임없이 뭔가를 끌어들이게 마련이야. 그런데 오늘을 사는 우리에게 인생을 걸 만큼 매력적인 게 딱히 있느냐 말이지. 쳇바퀴 돌듯 돌고 도는 반복적인 일상에 갑갑함을 느끼고 지친 사람들이 저런 스타나 운동 경기에 자신을 이입하며 대리 만족을 하는 거라고."

그래서였을까? 그런 사람들이 안타까워서 홍은 자신의 다이어리에 〈사랑은 동사입니다〉와 같은 시를 적어 놓은 것일까? 청량음료처럼 달달하고 톡 쏘는 것들로 내면의 헛헛함을 잠시 달래기나 하고, 생수처럼 생명에 필수적이지만 특별한 맛은 없는 것들에는 무관심한 사람들. 정작 고결하고 가치 있는 것은 생수와 같다는 것을 모르는 사람들.

'이런 사람들에게 사기를 친다며 너스레를 떨었지만 실은 중심에서 불타오르는 사랑을 전하려던 것이었어. 선배, 선배는 그렇게 고군분투하고 있었군요.'

강타는 비로소 홍 선배의 진심이 느껴지는 것 같다.

'그래, 선배가 말하던 그 '근본적인 이해'라는 것. 중심에 궁극적으로 채워야 할 것이라는 게 바로 '사랑'이었구나. 명사이지만 본질은 동사인 것, 사랑.'

강타가 손에 들고 있던 배팅용 장갑을 꽉 움켜쥔다. 생각이 꼬리를 문다.

'그런데 왜 하필 사랑이지? 왜 선배는 사랑이 우리 중심에 놓여야 한다고 생각했을까?'

불펜 투수의 워밍업이 끝나고 경기가 재개된다. 강타는 자세를 낮추고 언제든 3루를 향해 뛸 준비를 한다.

경기는 8회 초 투아웃. 스코어는 6 대 8로 인디언스가 아슬아슬하게 리드하고 있다. 기회가 있을 때 점수를 조금이라도 더 벌어 놔야 안심할 수 있다.

★

　미혜가 남편에게 이메일을 쓰고 있는데 휴대전화가 부르르 진동한다. 누굴까? 발신자 번호를 보니 낯선 로컬 번호가 찍혀 있다.
　"Hello."
　목소리에서 다급함이 느껴진다. 차분하게 말하려고 노력하지만 음색에서 이미 뭔가 심각한 상황이 벌어졌음을 느낄 수 있다. 영어라서 정확히 알아들을 수는 없지만 중환자실 담당 간호사인 듯하다. 병원에 있으면 빨리 중환자실로 오라는 메시지 같다. 아. 무슨 일일까. 필승이에게 안 좋은 일이라도 벌어진 것일까? 불길한 예감에 호흡이 거칠어진다.
　일단 전화를 끊고 나서 작성 중인 메일을 임시저장함에 담고 노트북을 덮는다. 전원 케이블을 콘센트에서 뽑는 손이 떨린다. 목젖이 깔깔하게 느껴진다. 그러더니 식도 쪽에서 어마어마한 통증이 느껴진다. 누군가 강제로 식도를 잡아 끊어 내려는 듯 아래위로 잡아채는 듯한 고통이 엄습한다.
　미혜가 그대로 주저앉아 가쁜 숨을 몰아쉰다. 지나가던 사람들이 잠시 걸음을 멈추고 미혜를 쳐다보지만 다가와 묻는 사람은 아무도 없다.

2루 베이스에서 조금씩 떨어지면서 리드 폭을 늘려 가던 강타에게 위협적인 견제구가 날아온다. 화이트삭스의 유격수가 소리도 없이 살금살금 2루 베이스를 커버하기 위해 들어오고 투수가 순식간에 몸을 돌려 2루 쪽으로 공을 던진다. 강타가 몸을 날려 베이스 한쪽 모퉁이를 짚는다. 덕분에 태그를 겨우 피할 수 있었다. 그런데 강타가 슬라이딩하는 순간, 달려든 상대 유격수의 스파이크에서 튄 흙가루가 얼굴을 덮었다. 세이프가 선언되고 강타는 안도의 한숨을 내쉰다.

 온통 흙이 묻은 유니폼을 툭툭 털면서 일어나 눈을 깜빡인다. 오른쪽 눈이 조금 따갑다. 숨을 몰아쉬는데 심장이 요동친다. 오른쪽 눈이 계속 따끔거린다.

 다시 경기가 진행된다. 투 스트라이크 투 볼 카운트에서 5구째 던진 공을 카를로스 칸타나가 멋지게 받아친다. 공은 2루수의 키를 그대로 넘으며 날아가 중견수와 우익수 사이로 떨어진다. 강타는 2루수가 공을 점프해 받는 줄 알고 몸의 중심을 2루 쪽으로 한번 기울였다 다시 재빨리 몸을 돌려 달리기 시작한 탓에 3루를 돌아 홈으로 내달려야 할지 아니면 멈춰 서야 할지 순간적으로 판단하기 어렵다.

 3루에 있는 주루 코치가 망설이다가 팔을 휘휘 돌리며 홈으로 돌진하라는 사인을 보낸다. 투수가 백업을 위해 포수 뒤쪽으로 부리나케 달리는 모습이 눈에 들어온다. 강타가 홈으로 질주하면서 우익수 쪽을 힐끔 쳐다본다. 공은 벌써 우익수의 손을 떠나 2루수의 키를 넘어 홈 플레이트 쪽으로 빨랫줄처럼 날아온다.

상당히 강한 어깨다. 공이 날아오는 궤적이 심상치 않다. 만만치 않은 승부가 될 것 같다. 강타가 혼신의 힘을 다해 홈 플레이트로 몸을 던진다.

20분쯤 흘렀을까? 식도의 통증 때문에 목을 붙잡고 웅크리고 앉아 있던 미혜가 겨우 숨을 고르고 자리에서 일어난다. 주섬주섬 노트북을 챙겨 가방에 쑤셔 넣고 비틀거리며 에스컬레이터로 향한다. 머릿속이 새하얗다.

중환자실 입구에서 인터컴 버튼을 누르자 한참 만에야 담당 간호사가 나타난다. 안색이 별로 안 좋다.

"필승이의 상태가 갑자기 나빠지고 있어요. 혈압이 140에서 190까지 널뛰기를 하고 있고 맥박 수도 180까지 올랐어요. 모든 바이털 사인이 심각해요. 당직 의사가 계속 상태를 지켜보고 있는데 아무래도 오늘 밤이 고비일 것 같습니다."

'고비……라고요?'

미혜의 목에서는 아무 소리도 나오지 않는다. 조금 전의 식도 통증 때문인지도 모른다. 레슬링 선수처럼 덩치가 큼직한 담당 간호사는 이 상황이 마땅치 않은지 얼굴을 잔뜩 일그러뜨린다. 엄마의 심정은 조금도 헤아리지 않는 것 같은 태도가 몹시 거슬려 머리 끝까지 화가 난다. 그저 직업적으로 물건 다루듯 아이를 대하는 태도가 늘 못마땅했다.

미혜는 차라리 누가 자신을 두들겨 패 주었으면 좋겠다고 생각한다. 정신없이 얻어맞고 피투성이가 되면 속이라도 편할 것 같다.

필승이는 산소호흡기를 쓰고 있다. 몸에 연결된 여러 개의 삽입관들로 알 수 없는 약들이 아이의 몸속으로 흘러 들어가고 있다. 안압이 갑자기 높아지기 시작했다면서 아이의 눈을 특수 캡으로 씌운다.

기저귀만 찬 채 벌거벗은 상태로 사투를 벌이고 있는 아이의 모습을 보고 있자니 미혜는 이 모든 것이 꿈인 것만 같다.

'절대로 이건 현실이 아니야. 곧 깨어날 꿈에 불과해.'

Game #7

피에 젖은
홈 플레이트

    포수가 곰처럼 커다란 덩치를 잔뜩 웅크린 채 온몸으로 홈 플레이트를 막아서고 있다. 강타는 공이 매우 가까이 날아오고 있음을 직감적으로 느낀다. 이제 방법은 하나. 몸을 던져서 저 곰 같은 포수를 밀쳐 내고 홈 플레이트를 먼저 터치해야 한다. 이럴 때 몸을 아끼면 오히려 부상을 당할 수 있다는 사실을 경험적으로 알고 있다.

    홈 플레이트 2m 전방에서 강타가 몸을 던진다. 머리를 1루 쪽으로 약간 비틀면서 오른손을 뻗어 홈 플레이트를 짚으려고 포수의 왼쪽으로 몸을 날린다. 공이 포수의 미트에 빨려 드는 소리가 아주 가깝게 들린다.

"퍽!"

공을 잡은 포수가 강타의 오른손이 플레이트에 닿지 못하도록 틈을 주지 않기 위해서 무릎을 꿇는다. 바로 그때, 태그를 위해 힘차게 휘두른 포수의 미트가 공교롭게도 강타의 얼굴을 정면으로 때리고 만다. 오른쪽 눈두덩이 불덩이처럼 뜨거워진다. 코피까지 터진 모양이다. 코에서 피가 뿜어져 나온다. 홈 플레이트에 붉은 피가 흩뿌려진다.

짧은 순간에 강타의 머릿속으로 온갖 장면이 스치고 지나간다. 통증으로 일그러진 아내의 얼굴, 중환자실에서 곤히 잠들어 있는 필승이, 형체를 알아볼 수 없게 불타 버린 홍 선배의 참혹한 시신, 늘 고맙기만 한 에이전트 윤 박사의 웃는 얼굴이 떠오른다. 강타는 초등학교 4학년 때 처음 야구를 시작했다. 그 시절에는 잠잘 때 빼고는 항상 모래주머니를 다리에 두르고 다녔다. 고등학교 2학년 때, 황금사자기 고교야구 결승에서 오늘과 똑같은 상황을 맞이한 적이 있다. 그때도 홈으로 몸을 던지다가 쌍코피가 터졌다.

주심이 커다란 동작으로 세이프를 선언한다. 아. 이제 됐어. 강타가 안심하며 쓰러진 채 몸을 뒤집어 바로 눕는다. 관중의 야유 소리가 천지를 울릴 듯 요란하지만 강타의 귀에는 아무 소리도 들리지 않는다. 강타의 마음속에 뭔가 뜨거운 용암 같은 것이 분출되는 듯 느낌이 강렬하다. 그 강렬함이 훑고 지나가자 지극한 평화로움이 온몸을 에워싼다.

★

　매니 헥토르 감독과 의료진 스태프들이 쏜살같이 달려온다. 코에 얼음팩을 올려 진정시킨 다음 부축해 천천히 몸을 일으킨다. 코피 외에는 별다른 부상이 없는 듯하다. 강타가 부축을 사양하고 스스로 더그아웃을 향해 천천히 걸어간다. 감독이 곁에서 함께 걸으며 괜찮으냐고 묻는다. 강타가 고개를 끄덕이자 감독이 8회 말 수비는 다른 선수를 내보낼 테니 좀 쉬라고 한다. 강타가 고개를 끄덕이며 고맙다는 표시를 한다.

　더그아웃으로 돌아온 강타는 헬멧을 벗고 홍 선배의 노트를 손에 쥐고 다시 구석 자리에 앉는다. "사랑은 동사입니다."라고 쓰인 페이지를 펴서 계속 읽고 또 읽는다.

　오른쪽 눈이 따끔거려 자꾸만 손이 간다. 몇 번이고 눈을 깜빡이며 이물감을 없애 보려 하지만 화끈거리는 느낌이 더 심해질 뿐이다. 지독한 피로감이 몰려온다. 빨리 호텔로 돌아가 눕고만 싶다. 하룻밤 푹 쉬고 나면 낫겠지. 강타가 긴 한숨을 내쉰다.

　피닉스의 세인트존스종합병원 중환자실. 한 시간쯤 지났을까. 응급 처치를 하기 위해 몰려든 의료진이 갑자기 동작을 멈추고 서로 멍하니 쳐다본다. 미혜의 가슴에 뭔가 뜨거운 용암 같은 것이 솟구치는 강렬한 느낌이 올라온다. 그리고 거짓말처럼 지극히 평화로운 감정이 내면에서 부드럽게 퍼져 나가는 것이 느껴진다. 천사가 날개의 부드러운 깃털로 온몸의 세포를 어루만져 주는 것 같은 느낌이랄까.

"아이가 깨어나고 있어요."

중환자실 당직 의사 중 한 명인 짙은 턱수염의 젊은 남자가 크게 소리친다.

"삑, 삑, 삑, 삑."

아이의 바이털 사인을 표시한 그래프들이 일제히 밑으로 떨어지면서 정상 궤도로 내려온다.

"이제 됐어요! 혈압 정상, 맥박 정상입니다. 아, 안압을 체크해 봐요. 30분 전까지만 해도 45mmHg까지 올랐는데……."

"어머, 아이가 무슨 말을 하려나 봐요. 입술을 움직여요."

미혜가 의료진에게 가까이 가서 봐도 되겠느냐고 묻는다. 어서 와서 아이의 입술을 읽으라고 한다.

"필승아, 엄마야. 엄마가 왔어. 걱정하지 마. 엄마한테 말해."

미혜가 허리를 숙여 아이의 얼굴 가까이 다가간다. 안압을 측정하려고 아이의 눈에 특수 현미경을 대려던 의료진이 잠시 멈칫한다. 아이가 입술을 달싹거리며 무슨 말인가 하려고 한다.

"아빠가, 아빠가 해냈어요. 아빠가요!"

미혜의 눈에서 눈물이 한 방울 툭 하고 떨어져 아이의 뺨으로 흘러내린다.

"그래, 아가야. 아빠가 잘하고 계셔. 어서 일어나. 아빠 만나러 가야지?"

미혜가 떨리는 목소리로 울먹인다. 아이의 뺨에도 한 줄기 눈물이 흐른다. 미혜가 소스라치게 놀란다. 각막을 다친 이후로 눈물이 날 때마다 목이 찢어져라 비명을 질러 대던 아이가 조용히 눈물만 흘리고 있다. 어찌된 일일까?

흥분한 의료진이 환하게 웃으며 서로 하이파이브를 한다. 미혜에게 잠시 자리를 피해 달라는 양해를 구하고 의료진이 다시 아이의 몸 상태를 체크하기 시작한다.

"안압 정상. 15mmHg로 회복되었어요."

담당 간호사가 들뜬 목소리로 말한다. 당직 의사가 미혜에게 축하한다며 악수를 청한다. 미혜는 눈물을 닦느라 축축해진 손을 내민다.

"축하합니다. 아드님이 고비를 완전히 넘긴 것 같습니다."

"아이가 수면 상태에서도 완전히 깨어난 건가요?"

미혜가 묻자 의사가 뇌파측정기 모니터를 흘끗 쳐다보며 미소 짓는다.

"완전히 정상입니다. 수면 상태에서도 빠져나왔어요. 오늘 밤까지만 좀 지켜보면 될 것 같습니다. 아침에 경과가 좋으면 일반 병실로 옮겨도 될 것 같군요."

긴장감이 풀리자 다리에 힘이 쭉 빠진다.

경기를 마치고 호텔로 돌아온 강타는 샤워할 기력도 없어서 유니폼을 입은 채로 침대에 쓰러진다. 강타의 홈런 세 개와 홈으로 돌진한 과감한 플레이 덕분에 팀은 결국 7 대 9로 아슬아슬하게 승리하고 아메리칸리그 중부 지구 선두에 올라선다.

얼마나 잤을까. 눈을 떠 보니 사위가 고요하다. 깜짝 놀란 강타는 자리에서 벌떡 일어난다. 흙이 잔뜩 묻은 유니폼 차림이다. 이런, 내가 정말 피곤했나 보군. 강타가 시간을 확인하려고 TV를 켠다. 새벽 4시 48분이다. 날씨 예보가 나오고 있다.

머리가 지끈거리며 아파 온다. 피로감이 몸을 무겁게 짓누르는데 이상하게도 마음은 새털처럼 가볍다. 홈 플레이트에 코피를 뿜으며 쓰러진 채 느꼈던 용암이 분출되는 듯 강렬했던 그 느낌을 잊을 수 없다. 아직도 그 여운이 남아 있는 것 같다. 필승이의 생일에 약속한 홈런을 멋지게 날려서 선물해야겠다고 다짐한다.

더러워진 유니폼을 벗고 욕실 문을 연다. 갑자기 헛구역질이 나면서 어지럽다. 술에 취한 사람처럼 휘청거린다. 내가 왜 이러지? 쿵! 강타가 욕실 문 앞에서 그대로 쓰러져 카펫 위에 드러눕는다.

다시 잠이 몰려온다. 눈앞이 뿌옇게 흐려지더니 팟~ 하고 꺼진다.

미혜가 중환자실에서 나와 2층 로비의 소파로 다시 돌아간다. 가슴속에 뭔가 뜨거운 기운이 돌고 있다. 조금 전에 중환자실에서 내면에서 분출되는 느낌이 있었는데 이제는 그 따스한 기운이 남아 온몸을 포근하게 감싸는 듯 황홀하다. 소파에 기대앉은 미혜가 스르르 잠든다. 온몸에 긴장이 풀리면서 묵직한 피로감이 한꺼번에 몰려온다.

얼마나 졸았을까? 눈을 떠 보니 사방이 고요하다. 로비 중앙의 디지털시계가 새벽 2시 30분을 가리키고 있다. 세 시간 넘게 잠들었던 모양이다. 노트북을 열어 남편에게 보내려던 메일을 다시 쓰기 시작한다.

사랑하는 강타 씨.

기쁜 소식이에요. 필승이가 드디어 깨어났어. 전화로 알리려다가 배터리가 방전되는 바람에 이렇게 메일로 대신 알려요.

하고 싶은 얘기가 너무 많은데 무엇부터 써야 할까. 그래, 이것부터 말하고 싶어요. 지금 너무 흥분되고 행복해서 손이 다 떨려요.

아이가 깨어난 게 우연이 아닌 것 같아요.

필승이가 중환자실에 있는 동안 난 3층에 있는 작은 예배실에서 시간을 보냈어요. 거기서 성경책을 뒤적이다가 오랜만에 낯익은 글을 발견했지 뭐예요. 사랑에 관한 유명한 구절이 들어 있는 고린도전서 13장이요. 우리가 잘 아는 이야기가 나오기 전에 이런 구절이 있더군요.

'Unless I loved others.' 내가 다른 사람들을 사랑하지 않는다면?

"사랑은 오래 참고 사랑은 온유하며……." 여기에서의 Love는 분명히 명사인데 위의 'loved'는 동사의 과거형이잖아요. 사랑은 명사이면서 동시에 동사였던 거예요.

그때 당신이 했던 말이 떠올랐어요.

'근본적인 이해에 도달해야 문제를 본질적으로 해결할 수 있다. 필승이의 문제도 마찬가지다.'

'중심에 이것이 임해야 근본적인 이해에 도달할 수 있다.'

'사람들이 대개 이것을 명사라고 착각하고 있지만 실은 동사다.'

'스스로 낮추고 희생해야만 알 수 있다.'

'일단 중심에 이것이 채워지면 다른 소망들은 하찮게 느껴진다.'

홍 선배가 말한 '근본적인 이해'라는 게 바로 '동사로서의 사랑'이 아닐까 하는 생각이 들더군요. 그다음에 이런 구절이 나와요.

'사랑은 절대로 실패하지 않는다.

누구든지 예언을 하는 사람은 그 예언을 멈추게 될 것이다.'

놀랍지 않아요? 예언에 대해서 말하고 있어요. 필승이와 나한테 벌어진 일들이 모두 예언과 관련되어 있으니 놀랄 수밖에요.

홍 선배가 분명히 근본적인 이해에 도달하면 아이의 상태가 회복될 거라고 했잖아요. '예언을 멈추게 되는 것', 그게 바로 필승이에게 필요한 회복이에요. 사랑, 동사로서의 사랑이 중심에 임하면 예언도 멈추게 된다는 뜻 아니겠어요?

그게 다가 아니에요. 홍 선배가 지었다는 시를 인터넷에서 읽었어요. 지금 한국에서는 그 시가 다시 화제가 되고 있나 봐요. 아마 당신도 이미 봤을 거라고 생각해요. 읽는 순간, 마치 답안지를 보는 것 같았어요. 내 짐작이 맞았다는 답안지요. 사랑은 다들 명사로 착각하지만 본질은 동사예요.

명사이면서 동사인 것, 바로 사랑이었다고요.

전에 우리 자석에 대해서 얘기한 적 있잖아요. 기억나요? 중국에서 자석을 '사랑의 돌'이라고 불렀다는 얘기 말이에요. 부모가 자녀를 품에 안고 있는 모습, 자석의 모습이죠. 바로 이거였어요. 근본적인 이해의 단계라고 한 것 말이에요. 우리가 중심에 채워야 할 것은, 진정으로 끌어들여야 할 것은 바로 사랑이었어요.

중심에 사랑이 임하면 사랑이 자기력을 내뿜어 다른 사람의 사랑을 끌어들이죠. 그렇게 사랑이 돌고 도는 거예요. 사랑이야말로 내면의 중심에 채워야 할 근본적인 것이에요. 홍 선배가 바로 그런 삶을 산 것이고요.

내가 발견한 것 중에 가장 놀라운 것은요, 고린도전서 13장 13절에 있어요.

    그런즉 이제 믿음, 소망, 사랑이 있는데

    이 셋 중에서 가장 위대한 것은 사랑입니다.

세상에, 우리가 중심에 대해 나눴던 이야기의 키워드가 다 여기에 들어 있더라고요. 당신이 그랬잖아요. 피상적인 소망이 아니라 진정한 소망이라면 온갖 장애물을 뚫고서라도 중심에까지 내려가 닿는다고 했죠? 여기에서 키워드는 '소망'이에요. 그런데 그 소망이 중심을 뚫고 들어갔을 때 우리 안에 '확신'이 생긴다는 얘기도 했어요. 그 확신의 단계라는 게 결국은 '믿음'이라는 키워드와 통한다고 생각해요.

그리고 마지막으로, 우리가 그토록 찾아 헤맸던 답이 '사랑'이 맞다면 말이에요. 바로 이게 중심에 대한 근본적인 이해에 도달하는 길이 아닐까요? 이렇게 생각하고 나니 가슴이 얼마나 뜨거워지던지 많이 울었어요.

그런데 여보! 그러고 났더니 놀라운 일들이 벌어지네요. 마치 내가 이걸 깨닫기를 기다리고 있었다는 듯이 말이죠.

필승이가 드디어 깨어났어요. 바이털 사인이 모두 정상으로 돌아왔고요. 눈물을 흘리면서도 괴로워 하지 않고 멀쩡해요. 내일 아침에 다시 확인해 봐야 하지만 의사 선생님이 괜찮을 것 같대요.

여보, 이제부터라도 우리 사랑하면서 살아요. 아니, 사랑을 실천하면서 살아요. 홍 선배 그렇게 되고 많은 생각을 했어요. 나도 내면의 중심에 사랑을 담고 살아야겠어요.

그래서 여보! 나, 아주 작은 시작이지만 각막을 비롯해서 내 몸의 모든 장기들을 사후에 기증하겠다는 서약서를 써서 병원에 내려고 해요. 이해해 줘요. 당장이 아니라 죽은 다음에 기증하는 거니까…….

계속되는 원정 경기에 많이 힘들고 피곤하죠? 힘내요. 내가 당신을 위해서 열심히 기도할게. 이제 내 중심에 무엇을 채워야 하는지 깨달았으니 기도도 잘 할 수 있을 것 같아. 나한테서 사랑의 자기력이 뿜어져 나가는 걸 기대해도 좋아요. 그렇게 살게. 당신을 위해서, 우리 아이들을 위해서, 또 다른 사람들을 위해서.

당신은 세상에서 가장 훌륭한 아빠, 가장 멋진 남편이야.

사랑해요.

당신의 미혜가.

Game #7

가장 위대하고 완벽한 것

아침 9시가 넘어서야 겨우 깨어났다. 욕실에 들어가 거울을 보니 오른쪽 눈두덩에 멍이 들어 있다. 눈이 왜 자꾸 따끔거리는지 모를 일이다. 눈의 초점이 맞질 않는다. 마치 눈을 감고 있는 것처럼 시야가 뿌옇게 흐려져 있다. 한쪽 눈이 잘 안 보이니 거리감이 떨어져 균형을 잡기가 어렵다. 당장 팀 닥터에게 달려갈까 하다가 그만둔다.

감독이 알면 강타를 부상자 명단에 올릴 게 분명하다. 아이의 생일이 코앞에 다가왔는데 생일 선물로 홈런을 쳐 주기로 약속했으니 그때까지만 비밀로 하기로 한다. 부상자 명단에 오르더라도 그 후에 올라야 해. 강타가 거울에 비친 자신의 얼굴을 자세히 살펴본다.

오른쪽 눈이 약간 충혈되어 있다. 여러 차례 눈을 깜빡여 보지만 아무런 변화도 없다.

과연 이 상태로 경기에 나갈 수 있을까 싶지만 달리 뾰족한 수가 없다. 욕실에서 나와 미혜에게 전화를 건다. 휴대전화가 꺼져 있다는 메시지가 반복된다. 충전하기도 힘들겠지. 가운을 입다가 메일을 확인해야겠다는 생각이 들어 노트북을 꺼내 창가에 앉는다.

전원을 켜자 아내로부터 메일이 한 통 들어와 있다. 오른쪽 눈이 잘 보이지 않아 읽기가 쉽지 않다. 모니터에 얼굴을 바짝 들이대고 내용을 읽는다. 강타의 얼굴이 환하게 밝아진다. 아내도 자신과 똑같은 생각을 하고 있었던 것이다. 우리가 문제를 풀어냈구나, 그것도 동시에! 아내의 메일에 적힌 구절을 소리 내어 읽으며 미소 짓는다.

"믿음, 소망, 사랑 이 셋 중에 가장 위대한 것은 사랑입니다."

오후가 되어서야 일반 병실로 옮겨도 좋다는 진단이 나온다. 필승이는 그새 기력을 완전히 회복한 듯하다. 침대에 누운 채 병실로 옮겨지는 동안 내내 종알종알 수다를 떤다. 아직 눈에는 보조 캡이 씌워져 있다. 담당 의사가 안압은 정상 범주로 떨어졌지만 치료는 꾸준히 해야 한다고 말했다.

필승이가 들뜬 목소리로 묻는다.

"엄마, 엄마! 아빠가 내 생일에 홈런을 쳐 주기로 약속했어요. 정말 칠 수 있겠죠?"

"그럼, 필승아. 어제 경기에서 아빠가 홈런을 몇 개나 쳤는지 맞춰 볼래?"

"몇 개라고요? 한 경기에서 홈런을 몇 개나 쳤단 말이에요? 누구랑 싸웠는데요?"

"화이트삭스. 선발 투수는 가빈 플로이드였어. 일찍 강판 되긴 했지만."

"음, 두 개 아니면 세 개?"

"호호호, 놀라지 마! 아빠가 홈런을 세 개나 때리셨단다. 그중에 하나는 만루 홈런이었지 뭐야."

"와, 신 난다! 정말이죠? 빨리 가서 경기 장면을 보고 싶어요."

아이의 보고 싶다는 말에 미혜가 순간 울컥한다. 하지만 금세 평정심을 되찾고 아이에게 말한다.

"그래, 필승아. 언젠가는 아빠가 멋지게 홈런 치시는 모습을 꼭 볼 수 있을 거야. 힘내."

아이는 아무 말도 하지 않고 잡고 있는 엄마의 손에 힘을 꼭 준다.

매니 헥토르 감독이 연습 타격을 하는 강타의 모습을 유심히 지켜본다. 클럽 하우스와 더그아웃에서 본 강타의 자세가 왠지 어색했기 때문이다. 배팅 연습에서 강타는 거의 절반을 헛스윙으로 날린다. 겨우 맞은 몇 개의 타구는 파울볼이나 빗맞은 내야 플라이볼에 그친다. 감독의 얼굴이 살짝 일그러진다. 지금 시점에서 강타가 빠진다면 팀 전력에 막대한 손실이다. 지금은 누구도 강타의 자리를 대신할 수 없다. 할 수 없다. 강타의 감각을 믿어 보는 수밖에.

　"엄마, 엄마. 눈이 간지러워요. 아주 많이 간지러워요."
　노트북으로 중계방송을 듣고 있던 아이가 갑자기 엄마를 찾는다. 미혜는 긴장한 얼굴로 노트북을 덮고 호출 버튼을 누른다. 간호사가 달려와 아이 눈에서 캡을 벗겨 내고 거즈로 눈가를 소독해 준다. 잠시 바람을 쐬게 해 주라며 30분 후에 다시 오겠다고 말하고 나간다.
　눈에서 캡을 벗겨 내니 한결 기분이 좋은 모양이다.
　"엄마, 야구 경기 보여 주세요. 빨리."
　미혜가 다시 노트북을 연다. 경기는 벌써 7회 말을 지나고 있다.

오늘도 인디언스가 3 대 2로 리드하고 있다. 그런데 아쉽게도 강타는 연속해서 세 번이나 삼진 아웃을 당했다. 아이가 단단히 실망한 눈치다.

미혜가 물끄러미 모니터를 쳐다보고 있는데 아이가 말한다.

"오늘 아빠 타격 자세가 좀 이상해요."

놀란 미혜가 고개를 돌려 아이의 얼굴을 들여다본다. 아이가 오른쪽 눈을 멀쩡히 뜨고 모니터를 보고 있는 게 아닌가. 미혜가 두 손으로 아이의 얼굴을 감싸고 눈을 들여다본다. 필승이가 싱긋 웃는다.

"엄마, 엄마가 보여요."

"정말? 정말 보이는 거야?"

미혜는 너무 놀라서 숨을 쉴 수가 없다.

"필승아, 저 노트북의 화면도 보여?"

아이가 싱글싱글 웃으며 고개를 끄덕인다. 미혜가 자리에서 벌떡 일어나다가 링거 병에 머리를 부딪친다. 아프다. 꿈은 아니구나.

"엄마, 보세요. 야구 퀴즈가 나오고 있어요."

미혜는 혹시 아이가 중계 소리를 듣고 보인다고 착각해서 말하는 건 아닌지 의심스러워 노트북의 볼륨을 꺼 버린다. 인디언스의 9회 초 마지막 공격이 진행 중이다. 1번 타자 마이크 브랜타가 깨끗한 좌전 안타를 치고 1루로 진출한다.

"와, 브랜타 아저씨다. 진짜 잘했어요. 이제 거의 다 잡은 경기네요. 한 점만 더 내주면 확실한 건데."

미혜의 눈에 눈물이 차오른다. 떨리는 목소리로 아이에게 묻는다.

"필승아, 지금 타석에 누가 들어섰니? 볼 카운트는 어떻게 돼?"

"애덤 카브레라 선수가 나왔어요. 2번 타자예요. 원 볼 원 스트라이크!"

오, 하나님. 세상에 이런 일이. 아이가 제대로 보고 있다. 미혜는 기뻐서 어쩔 줄 몰라 허둥대다가 의료진이 있는 너스 스테이션 쪽으로 마구 뛰기 시작한다.

Game #7

오늘 단 한 번만

9월 8일 저녁. 시카고 화이트삭스와의 마지막 낮 경기를 마쳤다. 선수단을 태운 전용 리무진버스가 시카고 시내에 있는 미드웨이공항으로 향하고 있다. 이제 LA 에인절스와의 3연전을 위해 LA로 이동해야 한다.

화이트삭스와의 3연전은 2승 1패로 끝났다. 그 바람에 중부 지구 2위와의 격차가 0.5게임차로 좁혀졌다. 아슬아슬하게 선두를 유지하고 있다.

강타는 눈 부상 때문에 두 경기를 내리 엉망으로 치렀다. 8타수 1안타. 헛스윙에 연속으로 삼진을 당하고 수비에서도 허점을 많이 보였다. 감독의 얼굴에 어두운 그늘이 생겼다.

강타는 자신의 오른쪽 눈에 심각한 이상이 생겼고 이미 돌이킬 수 없을 만큼 상태가 심각해졌다는 걸 직감한다. 하지만 강타의 얼굴은 밝기만 하다. 간밤에 아내로부터 필승이의 눈이 기적처럼 나았다는 소식을 들은 덕분이다.

필승이의 생일이 3일 앞으로 다가왔다. 그날까지는 어떻게 해서든 버텨야 한다. 그리고 아이에게 빅리거로서 마지막 선물이 될지도 모르는 홈런을 꼭 날려야 한다.

"나는 필승이를 위해 에인절스 팀과의 경기에서 반드시 홈런을 쳐낸다."

강타는 드림 센텐스를 계속 읊조린다. 하지만 역시 불안하다. 외팔이 야구선수는 들어봤어도 외눈박이 야구선수가 있다는 얘기는 들어 본 적이 없다. 네모난 동그라미를 그리라는 것처럼 불가능한 일이다.

미혜가 분명히 말했다. 필승이의 두 눈이 깨끗이 나았다고. 의료진이 검사한 결과 양쪽 눈 모두 정상 시력에 오른쪽 각막은 흉터 하나 남지 않고 깨끗하게 회복되었다고 한다. 세인트존스종합병원 역사상 가장 특이한 사례로 과학적으로는 도저히 규명할 수 없는 기적이라고 했다.

미혜와 함께 외워서 드림 센텐스가 중심에 빨리 내려간 게 아닌가 생각해 본다. 그런데 강타의 마음 한구석에는 여전히 정체를 알 수 없는 불안함이 남아 있다. 자신의 선수 생명이 이대로 끝나 버릴지도 모른다는 불안일 것이다.

몸값이 천정부지로 치솟아 이대로만 시즌을 잘 마무리한다면 상상을 초월할 거액의 계약은 할 수 있을 테지만 이대로 선수 생활이 끝난다면 빚더미에 올라앉게 될 것이다. 실제로 그런 일이 벌어질지도 모른다는 공포가 강타를 짓누른다.

어지럽다. 강타가 활주로 한쪽에 서 있는 전세기에 힘겹게 오른다. 이륙까지는 30분 정도의 시간이 남아 있다. 좌석에 앉아 노트북을 열고 메일을 체크한다. 아내로부터 메일이 한 통 도착해 있다.

필승이 퇴원 수속을 잘 마치고 집으로 돌아왔어요. 예상했던 대로 치료비가 엄청나게 나왔지만 일부는 카드로 결제했고 나머지 부족한 금액은 서울에서 엄마가 보내 주셔서 잘 처리했어요. 내년부터 당신 돈 많이 벌게 될 텐데 걱정 말라고 하시네요. 지금 한국에서는 당신이 큰 화젯거리인가 봐요.
그나저나 당신이 컨디션이 안 좋아 보여서 나 필승이나 모두 걱정하고 있어요. 설마 어디 아픈 건 아니죠?
인터넷으로 뉴스를 보다가 엘살바도르 홍 선생님의 장례식 장면을 봤어요. 여기 링크 주소를 복사해서 보내니까 한번 보세요.

> 아, 참! 그리고 집에 와서도 계속 성경책을 읽고 있는데 오늘 좋은 구절을 하나 또 발견했어요. 당신에게 힘이 됐으면 좋겠어요. 사랑해요.
>
> 당신의 미혜가.
>
> 사랑 안에 두려움이 없고 온전한 사랑이 두려움을 내어쫓나니.   요한일서 4:18

한쪽 눈으로만 보면 금방 피로해진다. 승무원이 가져다 준 생수를 마시면서 좌석에 몸을 깊숙이 묻는다.

'온전한 사랑이 두려움을 내쫓는다.

사랑 안에 두려움이 없다.

사랑과 두려움은 정반대에 서 있구나. 지금 내가 불안해하고 두려워한다는 건 온전한 사랑의 단계에 이르지 못했다는 증거일까?'

강타가 한숨을 내쉬며 미혜가 알려 준 홍 선배의 장례식 기사를 찾아 클릭한다.

엘살바도르 홍의 장례식은 두 번에 걸쳐 진행되었다. 한 번은 엘살바도르 현지의 요청으로 밀림에 세워진 학교에서, 또 한 번은 대한적십자사에서 열렸다.

기사 아래에 링크된 동영상을 클릭하자 현지인 학교에서의 장례식 장면이 흘러나온다. 전형적인 밀림 원주민의 모습이다. 별로 걸친 것도 없이 체구가 작아 초라해 보이는 사람들이 끝도 없이 모여든다. 홍의 시신을 수습한 관이 학교 강당의 입구에서 무대로 옮겨질 때까지 사람들이 흐느끼며 애도한다. 이윽고 무대 위에 관이 놓이자 교직원과 학생들이 한 줄로 지나가면서 꽃을 한 송이씩 관 위에 올려놓는다.

　기사를 읽어 보니 시신의 상태가 너무 참혹해서 DNA 검사로 신원을 파악했다고 한다. 그래서인지 관 뚜껑을 열지 않고 식을 진행한다. 장미나 백합을 준비한 아이들이 간혹 있지만 대부분의 아이들은 숲에서 흔히 볼 수 있는 야생화를 준비해 왔다. 얼마 지나지 않아 홍의 관은 다양한 색깔의 꽃으로 뒤덮였다. 알록달록 수놓은 듯이 아름답게 보인다.

　헌화 순서가 끝나자 어린 학생이 단상에 오른다. 추모사를 낭독할 모양이다. 이미 아이의 눈은 새빨갛게 충혈된 상태다. 마이크 앞에 서서 한참 동안 입을 열지 못하고 목이 메는지 계속 가벼운 기침만 내뱉는다. 약 30초 정도 아이의 기침 소리와 함께 곳곳에서 터져 나오는 흐느낌 소리가 계속된다.

　어찌나 슬피 우는지 강타의 눈시울이 붉어진다. 눈물이 차오르자 오른쪽 눈에 칼로 찌르는 듯한 통증이 온다. 아프다. 그런데 선배가 당한 고통에 비할까? 울음소리가 겨우 잦아들자 아이가 추모사를 낭독하기 시작한다. 밑에 한글 자막이 흐른다.

"곰 선생님. 우리는 선생님을 그렇게 불렀어요. 미안해요. 선생님. 하지만 선생님은 정말 곰처럼 미련했으니까 당연히 곰이라고 불러야 했어요."

코맹맹이 소리를 내던 아이가 목이 잠기는지 침을 꿀꺽 삼킨다.

"선생님, 선생님은 나빠요. 왜 우리를 남겨 두고 혼자만 천국으로 가셨어요. 우리는 이제 어떻게 해야 하나요? 미련퉁이 곰 선생님. 우리같이 말 안 듣는 애들을 위해서 이 먼 곳에 오셨다면서 우리가 자라는 것도 안 보고 어딜 가신 거예요?

선생님이 왜 우리를 찾아왔는지 그 이유를 얘기해 주신 적은 없지만 우리는 이미 알고 있었어요. 사랑하니까요. 선생님이 우리를 너무너무 사랑하시니까요.

선생님이 그러셨죠? 사랑은 말이 아니라 행동이라고요. 선생님은 몸소 사랑을 우리에게 보여 주셨어요. 매일 밤, 지네에게 물리고 잠자리만 한 모기에게 물어 뜯겨도 아침이면 퉁퉁 부은 얼굴로 웃어 주셨죠. 선생님은 늘 기쁜 얼굴이었어요. 우리는 그게 정말이지 궁금했어요. 무엇 때문에 늘 그렇게 웃고 다니시는지 말이에요.

2년 전, 화재로 학교가 불에 다 타 버렸을 때 선생님은 밤새 빗속에서 혼자 울고 계셨어요. 아무도 모르는 줄 아셨죠? 사실은 우리가 멀리서 지켜보고 있었어요. 얼마나 속상하셨으면 일주일 동안 밥도 못 먹고 끙끙 앓아누우셨을까요.

선생님, 우리 걱정은 하지 마세요. 우리도 선생님처럼 미련한 곰처럼 살 거예요. 열심히 공부하고 열심히 웃고 열심히 울면서 살게요. 선생님을 잊지 않고 기억하면서 살게요.

천국에서 편안히 쉬고 계세요. 선생님, 사랑해요. 선생님이 보고 싶어요."

눈에 후춧가루라도 들어간 듯 뜨거워지면서 따끔거린다. 아, 홍 선배가 그렇게 살았구나. 엘살바도르 홍은 스스로 낮추고 희생해서 사랑을 실천하며 살았다. 그의 중심에 사랑이 가득 차서 다른 소망들은 하찮은 것에 불과했다. 명사가 아닌 동사의 사랑을 온몸으로 실현하며 살았다. 이제야 강타는 그의 삶을 조금이나마 이해할 수 있을 것 같다.

'그렇구나, 선배는 자신의 몸을 내어 줌으로써 저 수많은 아이들에게 배움의 기회를 열어 줬던 거야.'

'사랑 안에 두려움이 없고 온전한 사랑이 두려움을 내쫓는다.'

강타는 아내가 보내 준 성경 구절을 되새긴다. 눈물이 흐른다.

눈이 찢어질 듯 아프지만 그냥 하염없이 눈물을 흘린다. 어느새 마음을 안개처럼 덮고 있던 불안감이 서서히 걷혀 가는 것을 느낀다.

어느새 비행기가 이륙해서 시카고 다운타운 위로 날아오르고 있다.

이번 3연전은 강타가 방출된 이후 인디언스 팀이 처음으로 LA에서 갖는 경기다. LA 지역 언론들은 에인절스가 강타를 헐값에 방출한 것에 대해 질타하는 보도를 쏟아 내고 있다.

강타의 진면목을 알아보지 못했다는 이유로 비난의 화살을 맞은 마크 무시아 감독이 이번에 클리블랜드 인디언스를 3연승으로 아예 스윕해 버리겠다고 허풍을 떤다.

또 어떤 신문은 강타에게 끝내 우익수 자리를 양보하지 않은 로치이 선수를 비꼬는 기사를 내놓기도 한다. 강타 때문에 도시 전체에 긴장감이 돈다.

9월 9일, 첫 경기. 두 팀의 경기는 일촉즉발의 팽팽한 긴장 속에 진행된다. 강타는 네 번 타석에 섰지만 얼어붙은 듯 선 채로 연거푸 루킹 삼진을 당한다. 관중은 강타가 타석에 들어설 때마다 조롱 섞인 야유를 퍼부어 댄다.

결국 에인절스가 인디언스를 5 대 0으로 셧아웃시킨다. 인디언스는 안타를 하나밖에 뽑지 못하는 무기력한 모습을 보여 준다. 경기가 끝나자 마크 무시아 감독이 기자들 앞에서 껄껄 웃으면서 보란 듯이 우쭐거린다.

다음 날 2차전은 인디언스가 2 대 1로 역전승을 거두며 팽팽한 긴장감을 연출한다.

9월 11일 화요일, 드디어 필승이의 생일날이 되었다. 강타가 호텔에서 필승이에게 생일축하 전화를 건다. 아이가 퇴원한 뒤로 매일같이 통화를 하고 있다. 그런데 공교롭게도 아이가 아빠의 경기를 직접 보기 시작한 때부터 부진의 늪에 빠져 있으니 아이에게 미안한 마음뿐이다. 아빠가 연일 삼진 아웃만 당하고 있으니 아이가 얼마나 속이 상했겠는가.

"필승아, 생일 축하해!"

강타가 가늘게 떨리는 목소리로 말한다. 아이가 쾌활하게 대답한다.

"아빠, 고마워요. 그런데요, 아빠! 아빠, 오늘 저녁 경기에서 분명히 멋진 홈런을 날릴 거예요. 미리 고맙습니다! 히히."

강타는 가슴이 답답해 온다.

"그래, 필승아. 아빠가 오늘 꼭 홈런을 치도록 노력할게. 사랑해."

★

경기장에 도착하니 매니 헥토르 감독이 호출한다. 감독의 방으로 뛰어 들어간다. 괴테의 책을 읽고 있던 감독이 진지한 표정으로 강타를 쳐다보며 묻는다.

"자네, 정말 괜찮은 건가? 오늘은 하루 쉬면 어떨까?"

강타는 드디어 올 것이 왔다는 생각에 침이 바짝 마른다. 변명의 여지가 없을 만큼 성적이 초라하다. 지난 5일 동안 감독은 싫은 소리 한마디 없이 믿고 기다려 주었다.

강타가 이번이 마지막 기회라는 생각으로 입을 연다.

"감독님, 하루만 더 기회를 주십시오. 오늘 밤까지 안타를 치지 못하면 내일부터는 저를 빼셔도 원망하지 않겠습니다."

감독이 한참 동안 말없이 강타를 물끄러미 쳐다본다. 지난 세 경기에서 강타는 열네 번 타석에 들어서서 열 번이나 삼진을 당했다. 게다가 수비에서도 연거푸 실수를 해 댔다. 그러니 감독이 질책할 만하다.

마침내 감독이 입을 연다.

"오늘 한 번만 더 믿어 보도록 하지."

더그아웃으로 돌아온 강타는 심호흡을 크게 하고 몸을 푼다. 스트레칭을 하면서 마음속으로 간절히 기도한다.

'오늘, 이게 마지막이라고 해도 좋으니 제게 한 번만 자비를 베

풀어 주소서.'

 경기가 시작된다. 오늘도 강타는 3번 타자다. 오늘이 빅리거로서 마지막 선발 출전이 될지도 모른다. 강타는 비장한 마음에 입술을 꽉 깨문다.
 미혜와 필승이는 노트북 앞에서 두 손을 모은 채 기도하는 마음으로 아빠의 경기를 지켜본다.
 양 팀의 선발 투수는 모두 팀의 에이스들이다. 경기는 팽팽한 투수전으로 빠르게 진행된다. 강타는 6회까지 두 번 타석에 들어서지만 첫 타석에서는 빗맞은 타구로 1루수 땅볼로 물러나고, 두 번째 타석에서는 파울 플라이로 맥없이 들어오고 만다.
 7회 초. 아직까지 스코어는 0 대 0의 상황. 선두로 나선 2번 타자 애덤 카브레라가 몸에 맞는 공으로 1루에 진출한다. 이렇게 팽팽한 투수전이라면 이번이 강타의 마지막 타석이 될지도 모른다. 초조함이 밀려온다. 불안하고 두렵다. 이렇게 초라하고 쓸쓸하게 선수 생활을 마무리할 수는 없다.

 강타가 타석에 들어서서 천천히 눈을 감는다. 배트를 잡고 마음속으로 필승이의 얼굴을 떠올린다. 아들의 맑은 두 눈동자가 보고 싶어진다. 지금쯤 또렷한 눈망울로 아빠의 경기를 지켜보고 있을 것이다. 둘째 꼬맹이 연승이의 잠든 모습도 떠오른다. 색색 숨소리를 내며 평화롭게 잠든 아이의 모습, 그 숨소리가 귀에 들리는 것 같다. 간절한 마음으로 자신을 응원해 줄 아내, 미혜의 얼굴도 떠올린다. 사랑과 믿음이 담긴 눈빛. 생각만으로도 강타는 가슴이 따뜻해지는 것 같다. 엘살바도르 홍의 웃는 얼굴도 떠오른다. 그의 장례식 장면도.

'선생님은 미련퉁이 곰이었어요. 우리도 선생님처럼 곰같이 미련하게 살게요.'

갑자기 경기장의 모든 소음이 사라진 듯 고요해진다. 강타의 중심에 사랑이 가득 차오른다. 홈런을 쳐야 한다는 강박감은 이미 어깨에서 스르르 미끄러져 내려오고, 가족의 미래를 책임져야 한다는 아빠로서의 무거운 짐도 훨훨 날아가 버린 느낌이다. 나도 홍 선배처럼 미련퉁이 곰으로 살고 싶다.

천천히 한 발을 배터 박스에 들여놓는다. 모든 동작이 천분의 일 초쯤 천천히 돌아가는 슬로 모션 같다. 주심이 재촉하는 소리가 들린다.

눈을 뜨고 싶지 않다. 강타는 엘살바도르 홍이 아주 가까이에 있음을 느낀다. 흰 치아를 드러낸 채 모기에 물려 퉁퉁 부은 얼굴로 자신을 보며 환하게 웃고 있다. 그냥 이대로 서 있고 싶다. 눈을 뜨면 홍이 그대로 사라져 버릴 것만 같다.

강타는 두 눈을 감은 채 배트를 꼿꼿이 들고 타격 자세를 갖춘다. 투수가 당혹스런 표정을 짓는다. TV 화면에 강타가 눈을 감고 있는 모습이 클로즈업된다. 중계 캐스터도 당황했는지 아무 말도 못하고 있다. 캐스터와 해설자가 놀란 얼굴로 서로 마주 본다.

그 순간, 강타는 홍의 목소리를 듣는다. 눈을 감은 채 마음속으로 여기저기 두리번거려 보지만 선배는 보이질 않는다. 하지만 귀에는 선배의 목소리가 또렷이 들려온다.

"이봐, 구강타. 드디어 문제를 해결하셨어! 역시 자넨 해낼 줄 알았다니까. 이제 자네의 중심은 무엇으로 채워져 있지? 하하하. 어때? 이젠 다른 소망들은 하찮게 보이지 않느냔 말이야."

강타의 입꼬리가 살며시 올라가며 들릴 듯 말 듯 속삭인다.

"고마워요, 선배. 저도 곰처럼 살아 볼까 해요. 선배가 있어서 참 행복했어요."

카메라가 강타의 중얼거리는 입술을 클로즈업한다. 캐스터가 화면을 보고 제멋대로 추측한다.

"네, 강타 쿠. 동양에서 온 선수라 그런지 뭔가 신비로운 분위기를 연출하고 있군요. 자신의 별명인 비둘기 검객을 의식한 걸까요? 옛날 동양의 무사들은 가끔 눈을 감은 채로 일대일 결투를 벌이기도 했다는 전설 같은 이야기가 있던데 혹시 오늘 그런 전설을 미신처럼 믿고 흉내 내려는 건 아닌지 궁금하네요."

해설자가 거든다.

"저거 보십시오. 중얼거리고 있지 않습니까? 일종의 주술적인 행동으로 보입니다."

★

첫 번째 공이 들어온다. 강타가 눈을 감은 채 귀를 기울인다. 공이 빠르게 날아오는 것이 느껴진다.

퍽! 포수의 미트에 그대로 꽂히는 소리가 들린다. 이어서 주심이 스트라이크를 외치는 소리가 들린다. 강타는 눈을 감은 채로 배터 박스를 잠시 벗어난다. 카메라는 계속해서 강타의 기이한 행동을 클로즈업한다. 캐스터는 강타의 묘한 행동에 대해 나름대로 의견을 덧붙인다.

미혜는 남편의 이상 행동에 처음에는 당황했지만 평온한 표정을 보고는 안심한다. 필승이가 호기심 가득한 표정으로 묻는다.

"엄마, 아빠가 왜 저러는 거예요?"

"응, 아빠가 지금 마음이 무척 편안하신 모양이야. 때로는 눈을 감으면 눈을 떴을 때보다 더 선명하게 보일 때도 있단다."

"아, 무슨 뜻인지 알아요. 나도 눈이 아파서 안 보였을 때 눈을 감고 아주 많은 걸 봤거든요. 굉장히 무서웠어요. 지금은 하나도 안 무서워요. 헤헤."

"우리 필승이가 용감하게 잘 이겨 냈어. 그런데 아빠 얼굴 좀 봐. 굉장히 편안해 보이시지?"

"네, 아빠가 야구하면서 저런 표정 짓는 건 처음 봐요."

"그래, 아빠는 지금 두렵지 않으시대. 아빠는 잘 해내실 거야."

관중들이 큰 소리로 야유를 보낸다. 강타가 다시 배터 박스로 들어선다. 비록 눈을 감았지만 더 많은 걸 볼 수 있다. 투수는 지금 당황한 기색이 역력하다. 눈을 감고 덤비는 타자를 처음 만나니 어떻게 받아들여야 할지 진땀을 빼고 있다.

'그래, 좋아! 어디 한번 던져 보라고.'

투수가 모자를 벗고 왼쪽 팔로 이마의 땀을 닦는 것이 보인다. 강타의 얼굴을 노려보고 있다. 자세를 갖추는구나. 강타도 무릎을 살짝 굽히며 배팅할 준비를 한다. 투수가 와인드업 모션에 들어간다. 허, 이 친구가 무슨 공을 던질지 알 것 같다.

슬라이더가 날아온다. 바깥쪽 아래를 노리고 파고드는 공이다. 강타의 내면 깊은 곳에서 바깥 아래쪽이라는 음성이 들린다. 공이 가까이 빠르게 날아오는 소리가 들린다. 자신의 배트가 공기를 가르는 소리도 들린다.

강타는 눈을 감은 채로 배트를 바깥 아래쪽을 향해 밀어치기 타법으로 가볍게 휘두른다.

"딱!"

공이 배트의 중심에 맞는 소리가 들린다. 중심에 정통으로 맞은 공이 까만 하늘 위로 새하얀 궤적을 그리며 우익수 쪽으로 날아간다. 1루 주자는 1루와 2루 베이스 중간쯤에 서서 껑충껑충 뛰며 타구의 궤적을 눈으로 좇는다. 우익수 로치이가 빠른 걸음으로 펜스 쪽을 향해 뛰어가다가 포기하고 걸음을 멈춘다.

강타는 배터 박스에 꼼짝하지 않고 서 있다. 공이 배트에 맞는 순간 펜스를 훌쩍 넘어갈 것을 손바닥 감각으로 이미 알았던 것이다. 공은 우익수 뒤편 관중석 2층 중간에 떨어진다.

강타의 귀에 홍 선배의 우렁찬 웃음소리가 들려온다.

"잘했어! 구강타. 이제 작별할 시간이야. 난 이제 먼 길을 떠나. 내가 미처 못한 일들, 네가 해 줘. 네가 나 대신 곰이 되어 주란 말이야. 네 중심이 널 그렇게 만들어 줄 거야. 핫핫핫."

관중의 탄식과 야유 소리를 뒤로하고 강타가 눈을 뜬 채 베이스를 천천히 돌기 시작한다. 드디어 해냈어! 2루 베이스를 돌 때쯤 갑자기 가슴에 열이 훅 올라오는 것을 느낀다. 3루를 지나 홈 플레이트를 향해 들어온다. 이제 야구와 영원히 이별하는구나. 눈이 불처럼 뜨거워진다. 이 다이아몬드 그라운드를 향해 인생의 모든 것을 바쳐서 달려왔건만 이제 모든 것과 작별할 때가 왔다.

안타를 치고 1루 베이스를 밟을 때의 그 짜릿함도 이제는 더 이상 맛볼 수 없을 것이다. 황금 같은 찬스에 멍하니 루킹 삼진을 당하고 계면쩍게 머리를 긁으며 더그아웃으로 들어가는 일도 앞으로는 없을 것이다. 공이 배트의 중심에 정통으로 맞고 까만 밤하늘을 가르며 쭉쭉 뻗어 펜스를 넘어가는 황홀한 경험도 이게 마지막이겠구나.

돌아가신 아버지의 얼굴이 떠오른다.

'아버지, 죄송해요. 아버지의 소원을 이뤄 드리지 못하고 이렇게 끝나고 마는군요.'

5m 전방에 홈 플레이트가 보이기 시작한다. 고개를 숙인 채 힘없이 걸어 들어오는 강타를 ENG 카메라가 곁에서 따라 걸으며 낮은 앵글로 비춘다. 강타의 얼굴이 타격 때와는 달리 창백하다.

4m

3m

2m

1m

드디어 홈을 밟는다.

먼저 들어와 기다리던 애덤 카브레라가 하이파이브를 청한다. 두 손을 들어 하이파이브를 하려던 강타가 갑자기 두 팔을 툭 떨어뜨리더니 그대로 바닥에 고꾸라진다. 쓰고 있던 헬멧이 멀리 나동그라진다. 순간 관중석에서 "오~" 하는 탄식이 터져 나온다.

★

매니 헥토르 감독이 맨 앞에 달려 나오고 그 뒤를 따라 팀 닥터와 선수들이 급히 뛰어나온다. 강타를 바로 눕힌다. 허리의 벨트를 풀어 주고 스파이크를 벗기고 스타킹도 조심스레 벗겨 내린다. 눈꺼풀을 들추어 의식이 있는지 확인하려던 팀 닥터가 깜짝 놀라 소리 지른다.

"이런, 세상에. 어떻게 이런 눈으로."

감독에게 당황한 눈빛을 보낸다.

"오른쪽 눈 각막이 완전히 망가졌어요. 빨리 구급차를 불러야겠어요."

경기장 안으로 앰뷸런스가 들어온다. 강타는 이 모든 것이 꿈결처럼 아득하게만 느껴진다. 심장이 뜨겁게 달아오르고 있다. 구급 침대에 묶여 응급차에 오르는 강타의 얼굴은 그지없이 평온해 보인다.

LA 에인절스타디움의 관중들이 승패를 떠나 강타 쿠를 연호하기 시작한다.

"쿠~~"

"쿠~~"

강타의 입가에 미소가 번진다. 바로 앞에 필승이와 연승이가 환하게 웃는 모습이 보인다. 필승이의 눈을 들여다본다. 아, 참 맑은 눈동자다. 그렇게 맑은 눈으로 네 세상을 마음껏 살렴. 앰뷸런스가 외야 펜스 쪽 출구로 빠져나갈 때까지 관중들이 계속해서 강타의 이름을 연호한다.

중심을 새롭게 하는 **다섯 번째 지혜**

중심에 사랑이 임할 때
우리의 삶은 가장 완전해진다

★ 중심의 강력한 에너지를 활용해 소망을 이루는 것도 중요하지만, 소망을 이루는 것, 그 자체로 우리의 삶이 행복해지지는 않는다.

★ 인간은 끊임없이 새로운 욕망을 추구하는 존재이며 그 결과 소망의 성취만으로 만족하지 못한다.

★ 우리를 둘러싼 환경은 우리 삶을 시시때때로 불안으로 뒤덮는다.

★ 중심에 가장 완전한 것, 즉 사랑이 임할 때 비로소 우리는 진정한 평안과 행복을 누릴 수 있다.

The Postgame Show

사랑의
지배를 받는 삶

 기창 밖으로 영종도의 모습이 보이기 시작한다. 잠시 후 인천공항에 도착하게 될 것이라는 기장의 안내 방송이 나온다. 비행시간 내내 쉬지 않고 긴 이야기를 주고받은 강타와 크리스는 한바탕 꿈을 꾸고 깨어난 사람들처럼 지쳐 있다. 크리스가 강타의 선글라스를 자꾸 힐끔거리며 묻는다.

 "그래서…… 그다음엔 어떻게 됐나요? 당신은 지금도 현역에서 맹활약 중이시잖아요?"

 강타가 얼음물로 목을 축인 다음 천천히 입을 연다.

 "병원으로 옮겨져 검사를 받았지요. 아주 놀라운 사실을 알게 됐어요. 내 오른쪽 눈과 필승이의 오른쪽 눈의 상태가 똑같았어요.

각막에 난 상처의 깊이와 길이까지 완벽하게 똑같았죠. 3mm짜리 상처 하나, 2mm짜리 상처 둘. 기묘한 일이죠.

나중에 알고 보니 놀라운 게 한두 가지가 아니더군요. 내가 홈플레이트에 코피를 흘리며 누운 그 순간에 우리 아이가 깊은 잠에서 깨어나면서 눈이 깨끗하게 나았대요. 반대로 난 눈을 다쳤고요. 아이랑 똑같은 상태로 망가졌죠."

"마치 당신이랑 아이랑 눈이 바뀐 것 같네요."

"맞아요. 그랬어요."

"아이는 이제 양쪽 눈 모두 정상인가요?"

"물론이죠. 선천적으로 앓고 있던 R.P.까지 완전히 사라져 버렸죠. 마치 새로운 눈을 이식한 것처럼 말이에요."

"놀라운 기적이군요."

"네, 기적이죠."

"그러고는 부인의 통증도 사라졌고요?"

"네, 깨끗이 사라지고 지금까지 단 한 번도 재발한 적이 없어요."

"놀랍군요. 그럼, 당신은 이 모든 일이 다 중심과 관련이 있다고 믿는 건가요?"

"물론이에요. 엘살바도르 홍이 삶과 죽음으로 내게 가르쳐 준 가장 값진 교훈이죠. 내면의 중심에 동사로서의 사랑이 가득 채워질 때 모든 불안과 두려움이 사라지고 지고의 행복에 도달할 수 있어요. 내가 직접 체험한 거예요."

"그렇다면 진정한 소망을 품고 드림 센텐스로 영혼의 마지막 베일을 벗기고 들어가 중심에 닿는 일은 대수롭지 않은 것일까요?"

"결코 그렇지 않아요. 소망을 포기하고 사는 삶보다는 자신의 소망을 확실히 깨닫고 이루며 사는 삶이 백 배, 천 배 귀한 삶이죠. 하지만 중심이 소망을 이뤄 내는 능력을 맛보는 것만으로는 시시때때로 다가오는 불안과 두려움을 극복할 수 없어요. 얼마나 가졌느냐, 얼마나 이루었느냐에 따라 행복해지는 게 아니더라고요. 소망을 이루는 것만으로는 진정한 행복에 도달하기 어려워요. 빅리그에 있으면서 그런 경험을 많이 하게 돼요. 지금 당장 성적이 좋아도 언제 컨디션이 나빠져서 추락할지 모르니까 늘 두렵지요. 그래서 중심을 사랑으로 채우는 일이 무엇보다도 중요해요. 진정한 평안이 무엇인지 알게 되니까요."

크리스가 알아들었다는 듯 고개를 끄덕인다. 강타가 한마디 덧붙인다.

"인간은 중심에 붙잡고 있는 것들을 섬기게 마련이라고 한 얘기 기억하죠?"

크리스가 미소 지으며 고개를 끄덕인다.

"중심에 사랑이 임하면 우리는 그 사랑을 섬기게 돼 있어요. 사랑이 이끄는 삶. 얼마나 매혹적인지 그건 경험해 본 사람만이 알 수 있어요. 홍 선배의 말이 맞았어요. 다른 소망들은 다 하찮고 시시해지거든요. 욕망의 지배를 받느냐, 사랑의 지배를 받느냐를 선택해야 해요."

크리스가 고개를 갸웃하고 묻는다.

"그런데 눈을 다쳤다면서 어떻게 다시 야구를 시작할 수 있었죠?"

강타가 고개를 끄덕이며 웃는다.

"어이쿠, 그 얘기가 빠졌군요. 필승이의 생일날, 홈런을 때리고 쓰러졌다고 했잖아요. 지역신문 1면에 병원에 실려 가는 사진과 함께 기사가 실렸어요. 그 기사를 읽은 유명 여배우가 구단을 통해서 전화를 걸어 왔고요. 자신의 TV 쇼에 출연해서 이야기를 들려 달라고 하더군요. 무척 망설이다가 결국 온 가족이 함께 출연했죠.

그런데 그 방송을 본 한 시청자가 열렬한 야구팬인데 시한부 인생을 사는 분이었어요. 내 이야기를 듣고는 큰 결심을 해 주었어요. 자신이 죽으면 내게 각막을 이식해 주라는 유언을 남긴 겁니다. 자신이 누군지 절대 밝히지 말아 달라는 부탁도 했대요. 그래서 난 그분의 이름도 몰라요. 그분의 사랑이 나를 살린 거예요."

크리스가 생각에 잠긴 듯 멍하니 앞을 보면서 중얼거린다.

"사랑의 지배를 받는 삶이란 거, 그게 뭔지 잘 모르겠지만 나도 그렇게 살아 보고 싶군요."

강타가 미소 짓는다.

"세상에는 사람을 움직이는 세 가지 힘이 있다고 해요. 첫 번째로 공포심을 심어 주면 움직인대요. 매우 효과적이지만 저차원적인 방식이죠. 그런데 대개의 사람들은 다 이 공포심 때문에 움직여요. 미래에 대한 두려움 때문에 부지런히 일하잖아요.

두 번째로는 뭔가 얻을 게 있다는 자극을 주는 거예요. 떡고물이라도 떨어져야 움직인다는 거죠. 주위를 둘러봐요. 모두들 자신에게 어떤 이득이 있을지 판단하고 움직이잖아요.

공포와 이익, 이 두 가지 채찍과 당근으로 세상이 움직이는 거래요. 그런데 이 두 가지를 뛰어넘는 마지막 것이 있어요. 바로 사랑이죠. 자식을 향한 부모의 사랑, 자신이 믿는 가치에 대한 사랑, 존경하는 사람에 대한 사랑. 마지막 세 번째, 사랑이 바로 사람을 움직이는 세상에서 가장 부드러우면서도 강렬한 힘이에요. 중심에 공포나 이익이 아닌 사랑이 임해야 하는 이유가 바로 이거예요."

비행기가 서서히 활주로를 향해 내려간다. 기창 밖에 보이는 인천국제공항의 풍경이 정겹다. 가느다란 빗줄기가 떨어지고 있다. 강타가 창밖을 내다보며 말한다.

"이 비행기가 안전하게 착륙하기 위해 조종사는 얼마나 피나는 훈련을 받았을까요? 착륙이라는 것, 알고 보면 비행기의 중심을 활주로의 중심에 맞추는 과정이잖아요. 이 과정이 무난히 이루어져야 비행이 안전하게 마무리되는 거예요.

인생도 마찬가지인 것 같아요. 인생의 활주로에 삶이라는 비행기를 안전하게 착륙시키려면 중심에 대한 새로운 눈을 떠야 하지 않을까요? 적당히 비행하다가 넓은 평지에 대충 착륙하겠다는 생각은 대형 사고만 일으킬 뿐이죠."

강타의 말이 끝나자마자 비행기의 바퀴가 활주로 위에 사뿐히 내려앉는다.

"키킥~ 끼익."

긴 여행이 무사히 끝났다는 안도감에 승객들의 표정들이 밝아진다.

크리스가 묻는다.

"아, 마지막으로 묻고 싶은 게 있어요. 당신은 무슨 일로 한국에 오셨죠?"

강타가 빙긋이 웃으며 대답한다.

"야구교실에 초대받았어요. 꿈나무들에게 야구를 가르치고 중심의 지혜도 알려 주려고요. 올해로 세 번째네요. 아이들이 내게 별명을 붙여 줬어요. '곰'이래요. 미련퉁이 곰. 하하하. 어때요, 어울리나요?"

강타가 선글라스를 벗고 크리스에게 찡긋 윙크를 하며 자리에서 일어난다. 벗어 둔 트위드 재킷을 꺼내 입는다. 가슴에 붙은 붉은 하트 모양의 배지가 반짝인다. 작은 글씨가 새겨져 있다.

강타의 얼굴이 가을의 태양처럼 빛난다. 몸 전체에서 사랑의 에너지가 흘러넘치는 듯하다. 강타를 보는 크리스의 얼굴에도 미소가 번진다.

저자 후기

엘 시스테마의 기적을 꿈꾸며

"앞으로 너희들이 역사를 만들어 나갈 거야!"

호세 안토니오 아브레우가 아이들의 손에 악기를 쥐어 주며 말했습니다. 1975년, 미국에서 유학을 마치고 고국 베네수엘라에 돌아온 청년, 아브레우의 전공은 음악이 아닌 경제학이었습니다.

당시 베네수엘라는 세계 석유매장량 2위에 해당하는 지하자원이 풍부한 나라임에도 불구하고 낮은 정치 수준과 교육 탓에 민생은 파탄으로 치닫고 있었고, 아이들은 빈곤 속에 마약과 범죄의 늪에 빠져 뒹굴고 있었습니다. 아브레우 박사는 조국의 현실에 비통함을 느끼며 미래의 씨앗인 어린이를 위해 뭔가 해야겠다고 다짐했습니다.

우선 지하 주차장에 11명의 동네 아이들을 모으고 자신의 호주머니를 털어 구입한 악기를 하나씩 손에 쥐어 주었습니다. 다음 날에는 25명, 그다음 날에는 46명의 아이들이 모이더니 점점 더 많은 아이들이 몰리기 시작했습니다. 이렇게 해서 그 유명한 베네수엘라의 빈민층 어린이를 위한 무상 음악교육 프로그램 엘 시스테마 El Sistema가 시작됐습니다.

1990년대 후반부터 갑자기 유럽의 오케스트라에 베네수엘라 출신의 단원들이 눈에 띄게 늘어났습니다. 급기야 2008년에는 세계 최고의 오케스트라 중 하나인 LA 필하모닉의 음악 감독으로 당시 28세였던 신예 구스타보 두다멜이 지명되어 화제가 되었고, 베를린 필하모닉의 더블베이스 파트에는 에딕슨 루이스라는 17세 소년이 발탁되기도 했습니다. 물론 모두 엘 시스테마 출신의 음악가들입니다. 거장 클라우디오 아바도는 이렇게 말했습니다.

"전 세계 음악계는 지금 베네수엘라에서 벌어지고 있는 일을 주목해야 할 것이다."

한자로 중심(中心)을 세로로 배치해 보면 충성스러울 충(忠)이 됩니다. 인간은 내면의 중심에 무엇이 있든지 그것에 충성을 바치는 존재입니다. 아브레우는 자신의 내면의 중심에 임한 사랑에 충성하여 베네수엘라를 놀랍도록 바꿔 놓았습니다. 거리는 깨끗해지고 청소년 범죄는 눈에 띄게 줄어들었을 뿐 아니라 세계적으로 음악성을 인정받는 나라가 되었습니다.

한때 '중심'의 위력을 비틀린 관점에서 설명한 책들이 한국 사회를 휩쓴 적이 있습니다. 원하는 바를 치열하게 상상하고 마치 이미 손에 쥔 것처럼 열망하면 그 소망은 반드시 현실로 이루어진다는 '끌어당김의 법칙'이나 'Realization=Vivid Dream' 같은 것들이 그것입니다. 그렇지 않아도 우리의 내면은 돈에 대한 욕심과 인정받고 싶은 욕구로 가득 차 있는데 그 소망을 이런 법칙들로 간단히 이룰 수 있다고 하니 누군들 열광하지 않겠습니까? 그러나 이런 주장들은 제대로 된 필터로 걸러 정리하지 않으면 자칫 위험할 수 있습니다.

중심은 소망을 이룰 수 있는 강력한 힘을 지니고 있습니다. 그러나 그 강력한 힘이 '사랑의 지배' 가운데 들어가지 못한다면 자신과 이웃을 괴롭게 하고 결국 모두를 불행에 빠뜨리게 할 수도 있습니다.

구강타의 이야기를 통해 함께 생각해 본 '근본적인 이해의 단계'에 이르지 못하는 주장은 그대로 용도 폐기되는 것이 차라리 유익합니다. 진정한 행복에 이르지 못할 모자란 가르침으로 사람들의 삶을 혼란에 빠뜨릴 뿐이니까요.

모쪼록 이 한 편의 이야기를 통해 창조주께서 인간을 빚으실 때 소중한 선물처럼 내면 깊은 곳에 감추어 두신 '중심'을 정확하게 이해하고, 그 위력을 합당하고 올바른 방향으로 활용할 수 있게 되기를 바랍니다. 그리하여 이 땅의 청춘들 가운데에서도 제2, 제3의 호세 안토니오 아브레우 같은 인물이 나오기를 간절히 소망합니다.

2011년 가을
어느 도서관의 구석 자리
미래를 준비하는 분주한 청춘들 틈에서
조신영

이 책을 읽음으로써
당신 안에 사랑이 가득 차오르기를…….
진정으로 소망합니다.

행복한 성공자를 위한 출판-

비전과리더십